Kindersoldat(inn)en

Ein Phänomen der Gegenwart und Zukunft?!

Christin Voß

Kindersoldat(inn)en

Ein Phänomen der Gegenwart und Zukunft?!

2011
Forum Verlag Godesberg

Bibliographische Information der Deutschen Nationalbibliothek

Die Deutsche Nationalbibliothek verzeichnet diese Publikation in der Deutschen Nationalbibliografie; detaillierte bibliografische Daten sind im Internet über http://dnb.d-nb.de abrufbar.

Mönchengladbach 2011
Herstellung: Books on Demand GmbH, Norderstedt
Printed in Germany
ISBN 978-3-936999-85-3

Umschlaggestaltung: Konstantin Megas, Mönchengladbach

Umschlagfoto/Vorderseite: Michael Bause, Köln (www.michael-bause.de)
Umschlagfoto/Rückseite: Sebastian Bolesch, Berlin (www.sebastian-bolesch.de)

Wir danken Michael Bause und Sebastian Bolesch für die freundliche Genehmigung zum Abdruck ihrer Fotos.

Geleitwort

Wenn wir einem Geschehen in unserer Welt einen Namen geben, beginnen wir uns daran zu gewöhnen und es mit einer Selbstverständlichkeit zu versehen, die es wegführt aus der Aufmerksamkeit bis Hinein in das Vergessen.

„Please, Mister, promise not to forget!", flehte mich ein Mädchen bei meiner ersten Reise in ein afrikanisches Flüchtlingslager an; einer Reise, in der ich sah und erlebte, was ich mir bis dahin nicht annähernd vorzustellen vermochte.

Nicht zu vergessen ist eine mahnende Bitte, die – würden wir nur wirklich hinhören – uns Menschen aus vielen Teilen der Welt in Not und tiefer Verzweiflung zurufen. Unter den Rufenden sind unendlich viele Kinder. Dazu gehören auch Kinder, die selbst kaum noch spüren, dass sie welche sind, weil ihnen ihre Kindheit gestohlen wurde, als man sie rauben und morden lehrte und sie zu Kindersoldaten machte.

Mädchen und Jungen ihre Kindheit und ihre Würde zu stehlen ist überall, wo es geschieht, ein Verbrechen. Das gilt ohne Einschränkung für jeglichen Missbrauch – für den in unserer oft auch nur scheinbar behüteten Welt genauso wie überall dort, wo ohnehin schon die Lebensumstände oftmals unmenschlich und unerträglich sind. Wer davon weiß und nichts tut, ist Mittäter.

Wir können nichts ungeschehen machen; wir alle aber haben die Pflicht und auch die Möglichkeit, die Zukunft zu verändern. Wir dürfen nicht hinnehmen, dass Kinder verhungern, weil wir die auf der Welt ausreichend vorhandene Nahrung ungerecht verteilen. Und wir dürfen nicht zulassen, dass Kinderseelen gebrochen werden, damit Korruption und Machtgier sich ihrer als gefügige und willenlose Werkzeuge bedienen können.

Für die Autorin stand am Anfang ihres Aufschreckens und ihres nachfolgenden Tuns – wie für mich auch – das persönliche Erleben grauenvoller Lebenssituationen von Kindern in einem Bürgerkriegsland. Sie kehrte zurück mit vielen Fragen, die sie nicht mehr losließen und auf die sie Antworten finden wollte. Zentrales Thema wurden für sie die psychischen Folgen, an denen Kinder infolge ihres Einsatzes als Kindersoldaten leiden, und die Frage nach Chancen und Möglichkeiten sie nach der Vielzahl traumatischer Ereignisse zu enttraumatisieren und sie zumindest so weit als möglich genesen zu lassen. Sie fragt nach

Wegen, wie deren Rehabilitation und Reintegration gewährleistet werden kann.

Leid und Unrecht sind nicht nach Geschlecht aufteilbar. Dennoch ist es bei der Suche nach Hilfsmöglichkeiten wichtig, die für Jungen und Mädchen unterschiedlichen körperlichen und seelischen Verletzungen zu verstehen und zu beachten. Christin Voß widmet den Mädchen und jungen Frauen, die häufig infolge sexueller Gewaltakte bereits eigene Kinder haben, besondere Aufmerksamkeit. Gleichwohl betrachtet sie das Phänomen der Kindersoldaten in seiner Gesamtheit und versucht, sämtliche Ursachen und Wirkungsmechanismen in den Blick nehmen. Zu Recht begründet und verweist sie auf die gesamtgesellschaftliche Verantwortung und verortet die Ursachen in globalen ökonomischen und politischen Rahmenbedingungen.

Dem Wunsch der Autorin, dass nachhaltige Lösungen gefunden werden müssen, damit wir Kinder schützen und ihnen eine lebenswerte Zukunft ermöglichen, kann ich mich nur anschließen.

Es ist mir deshalb ein wichtiges Anliegen, dass dieses kleine Buch viele Leser findet, dass es Nachdenken und vor allem Handeln anstößt.

Kinder als Soldaten ist kein Geschehen, an das wir uns gewöhnen dürfen!

Köln, im April 2011

WOLFGANG NIEDECKEN

Über dieses Buch

Vor zwei Jahren ergab sich für mich im Rahmen meines Studiums die herausfordernde Möglichkeit, in einem Bürgerkriegsland zu arbeiten. Während meines Aufenthalts in Liberia wurde ich erstmals mit dem Phänomen der Kindersoldat(inn)en konfrontiert. Zu den unzähligen und unmenschlichen Grausamkeiten, die in Bürgerkriegen in Erscheinung treten können, zählt die Rekrutierung von Kindern und deren aktive Mitwirkung in Kampfhandlungen.

Doch was passiert hier genau? Wer sind die Kindersoldat(inn)en? Woher kommen sie? Wer ist dafür verantwortlich? Warum werden Kinder zu Gewaltakteuren? Welche Ursachen und Hintergründe kann es geben, dass Kinder für einen Bürgerkrieg oder bewaffneten Konflikt rekrutiert werden? Wie ist es möglich, dass Kinder nicht geschützt werden können? Wieso greift niemand ein und bereitet diesem Spuk ein Ende?

Meine Fragen konnten während des Auslandsaufenthalts nur unzureichend beantwortet werden.

Ich erhielt hauptsächlich Einblicke in die Gräueltaten von Kindersoldaten als Täter. Nach der Entlassung aus den Rebellenbewegungen oder nichtstaatlichen bewaffneten Gruppen und/oder bei Beendigung des Krieges erfahren ehemalige Kindersoldat(inn)en bei ihrer Rückkehr oftmals den Ausschluss aus dem Familiensystem und der Gemeinschaft. Eine einfühlende Betrachtung der ehemaligen Kindersoldat(inn)en aus der Opferperspektive ist den Menschen im unmittelbaren Umfeld kaum möglich. Sie versuchen, durch den gezielten Ausschluss der rückkehrenden Kinder und Heranwachsenden aus dem Familiensystem und der Gemeinschaft, die Erinnerungen an den Krieg so gering wie möglich zu halten.

Alle diese Fragen beschäftigten mich nach dem Auslandsaufenthalt weiter und ich suchte nach Erklärungen, die ich durch die Bearbeitung meiner Abschlussarbeit für das Studium zu finden hoffte. Mein Interesse galt insbesondere den psychischen Folgen, an denen einstige Kindersoldat(inn)en leiden.

Ist es möglich, dass sie nach einer Vielzahl traumatischer Ereignisse genesen und enttraumatisiert werden können? Was ist hierfür erforderlich? Wie können Rehabilitation und Reintegration gewährleistet werden? Gibt es speziell zugeschnittene Programme für weibliche Kindersoldaten? Wie werden Mädchen und junge Frauen, die häufig auch eigene Kinder aufgrund sexueller Gewaltakte haben, behandelt und betreut?

Professionelles Handeln bedeutet, die Lebenswelt und die Lebensbedingungen der Menschen in Bürgerkriegsländern einzubeziehen. Welchen Stellenwert haben Kindheit und das Kindsein? Wie ist es möglich, in den Bereichen Versöhnung, Therapie, Bildung und Prävention aktiv zu werden? Wie sind bestehende Rehabilitations- und Reintegrationsprogramme zu differenzieren in Bezug auf das Alter, das Geschlecht, die Art und Dauer des bewaffneten Konflikts, die Art der Beteiligung, die Lebensbedingungen und die unterschiedlichen Lebenserfahrungen?

Zahlreiche Recherchen führten mich zu der Überlegung, das Phänomen der Kindersoldat(inn)en, in Abgrenzung zur bestehenden Literatur, ganzheitlich zu betrachten. Die Idee bestand darin, sämtliche Ursachen und Wirkungsmechanismen für das gegenwärtige Phänomen aufzuzeigen. Durch die Benennung der Ursachen und Folgewirkungen erhoffe ich mir, dass Lösungen gefunden werden, wie wir Kinder in der Zukunft schützen können. Kindersoldat(inn)en dürfen kein Phänomen der Zukunft sein.

Zu den Ursachen für die Entstehung der „Neuen Kriege“ und den damit verbundenen Missbrauch von Kindern zählen die globalen ökonomischen und politischen Rahmenbedingungen. Die Ausrüstung eines Kindes mit Waffe, Patronen und Drogen erfordert kriegsunternehmerische Entscheidungen, die gewinnmaximierend ausgerichtet sind.

Im Kontrast zu vielen instabilen, vom Staatszerfall bedrohten oder betroffenen Ländern, stehen nur wenige Nationen, deren ökonomische, politische und militärische Machtpositionen handlungsweisend sind. Eine Fehlentwicklung der Globalisierung ist das interregionale Wachstum wirtschaftlichen Handels, was nicht dem erwünschten internationalen Wirtschaftwachstum entspricht. Viele Länder können den Entwicklungsschritten der Globalisierung nicht standhalten und partizipieren entsprechend immer weniger am Welthandel. Staatskrisen und Staatszerfallsprozesse bilden sich heraus. Kollabierende Staaten öffnen zwangsweise Schleusen für Korruption, politisches Versagen und persönliches Machtstreben. Warlords und andere Gewaltakteure profitieren von diesen Gegebenheiten. Ihre Kriegsökonomien sind mit internationalen ökonomischen Strukturen verknüpft. Sie entwickeln sich zu einem gewichtigen Teil des bestehenden Netzwerks aus Handelsbeziehungen innerhalb der Staatengemeinschaft. Hierzu zählen auch die so genannten Schattenökonomien, deren Akteure illegalen Handel mit Waffen, Drogen und Rohstoffen betreiben.

Dieser Kreis schließt sich über die stetig wachsenden Rüstungsindustrien und die damit verbundene Produktion von Kriegsmaterial sowie die Sicherstellung von Rohstoffen und Absatzmärkten aus dem Exportgeschäft.

Die Vereinten Nationen tragen dazu bei, dass die Kriege über lange Zeiträume andauern. Der Handel mit Kriegsgütern und Rohstoffen ist den wirtschaftlichen und politischen Interessenlagen einzelner Staaten dienlich. Auch die Öffentliche Entwicklungshilfe wird für die Erschließung und Verarbeitung von Rohstoffen missbraucht. Entwicklungszusammenarbeit erfährt entgegen ihrer Zielbestimmungen, unter anderem Armut zu bekämpfen, nachhaltig und effektiv die Lebensbedingungen zu verbessern und Frieden zu gewährleisten, die Zweckbestimmung, wirtschaftliche Interessen der Geberstaaten durchzusetzen.

Diese Tatbestände und der daraus resultierende Einsatz von Kindersoldat(inn)en werden verklärt, indem die Ursachen allein in den Kriegs- und Krisengebieten manifestiert werden. Regionale, ethnische oder religiöse Bedingungen werden als Ursachen für Bürgerkriege und kriegerische Auseinandersetzungen benannt, um die eigentlichen Auslöser zu verschleiern.

Die Auswirkungen für die Kinder, die als Soldaten rekrutiert werden und wurden, sind gravierend. Die psychischen, physischen und sozialen Folgeschäden, wie in diesem Buch beschrieben, reichen von körperlichen Schäden und psychischen Traumatisierungen bis hin zu Bildungsdefiziten und sozialer Ausgrenzung. Niemand scheint so recht die Verantwortung dafür übernehmen zu wollen. Dazu würde gehören, dass in erster Linie diesem Grauen Einhalt geboten wird.

Dem Phänomen Kindersoldat(inn)en ist konsequent durch die Bekämpfung von Armut und einer internationalen Friedenspolitik zu begegnen. Zudem wären, im Rahmen Internationaler Entwicklungszusammenarbeit, dem Bedarf angemessene Programme der Demobilisierung, Rehabilitation und Reintegration zur Verfügung zu stellen, deren Finanzierung unabhängig von globalen Krisen und Eigeninteressen sein sollte. Diese Programme haben eine existenzielle Bedeutung für die Betroffenen.

Ich würde mir wünschen, dass dieses Buch Denkanstösse liefert und die Trag- und Reichweite dieses Themas Beachtung erfährt.

Wir sind gefordert, unseren Blick dafür zu schärfen, dass Kindersoldat(inn)en ein globales Phänomen darstellen, das unser aller Aufmerksamkeit bedarf.

Wir sind angehalten, die Zusammenhänge zu erkennen und zu akzeptieren. Auf der internationalen Bühne ist eine Überprüfung der weltwirtschaftlichen Geflechte, der entwicklungsfördernden Schritte und der rechtlichen Grundlagen erforderlich, die der Gefahr, Rückkopplungseffekte entstehen zu lassen, Strukturen zu verfestigen und das Phänomen zu verstärken, entgegen wirken.

Unterstützung für dieses Buch erfuhr ich in erster Linie durch meinen Mann, Michael Voß. Ohne die zahlreichen Gespräche in den einzelnen Entwicklungsetappen, wäre mir der rote Faden vermutlich abhanden gekommen.

Ich bedanke mich bei Prof. Dr. Jens Weidner (Hamburg), der mich zunächst im Rahmen der Abschlussarbeit beratend und unterstützend begleitete und mich im Nachhinein motivierte, das Thema weiter auszuführen und meine Erlebnisse und Gedanken zu veröffentlichen.

Besonders dankbar bin ich Wolfgang Niedecken für sein Geleitwort. Ihn vorstellen zu wollen, wäre vermessen. Ihm dafür zu danken, dass er sich in vielfältiger Weise engagiert, unserer Welt ein menschlicheres Gesicht zu geben, aber nicht. Als Mitgründer des im Jahr 2009 entstandenen Rebound-Projektes in Nord-Uganda erfahren in seinem Projekt ehemalige Kindersoldat(inn)en Unterstützung in Form von Rehabilitations-, Berufsausbildungs- und Friedensförderungsprogrammen unter Einbezug des Gemeinwesens und staatlicher Institutionen.

Dem Geschäftsführer des Verlages, Herrn Carl Werner Wendland, danke ich für die vielfältige Unterstützung bei der Entstehung dieses Buches.

Hamburg, im April 2011

Christin Voss

Inhaltsverzeichnis

1. Einleitung

> *„Wenn wir unsere Feinde besiegen, bekommst du eine kostenlose Ausbildung, Medikamente gratis, eine monatliche finanzielle Unterstützung und noch vieles mehr. Sie haben uns so viel gesagt – dass wir freie Bürger sein würden. Dass wir Zugang zu Dingen haben würden, die lebensnotwendig sind. Aber heute kann ich mich nur daran erinnern, dass alles, womit die Regierung uns helfen kann, ein klein bisschen Reis ist, und ich bin dankbar dafür.“*
>
> (SCHMID/SCHMID 2001, S. 113)

Dieses Zitat stammt von dem 22 Jahre alten Melvin. Er ist blind. Mit 12 Jahren schloss er sich freiwillig einer Rebellenbewegung im westafrikanischen Liberia an. Hier wütete ein 14 Jahre andauernder Bürgerkrieg (1989 – 2003). Melvin kämpfte bis zu seinem 18. Lebensjahr als Soldat. Heute ist er ein Kriegsveteran.

Im Jahr 2008 absolvierte ich ein Auslandspraktikum an der Primarschule LREC (Liberia Renaissance Education Complex) in Liberia. LREC ist eine öffentliche Schule in der Nähe der Hauptstadt Monrovia. Sie wurde durch eine Schweizer Stiftung im Jahr 2008 fertiggestellt und erhält bis heute finanzielle Förderung. Bestandteile meiner Arbeit waren die Unterrichtung der ersten bis dritten Klassen in den Fächern Reading (Lesen), Social Studies (Heimatkunde) und Social Learning (Soziales Lernen), die Entwicklung eines Präventionskonzeptes zum Thema HIV/AIDS sowie Erwachsenenbildung im Bereich der Alphabetisierung.

Schätzungen zufolge haben in Liberia circa 20.000 Kinder in den Rebellenbewegungen gekämpft. Nach dem Krieg kamen viele der ehemaligen Kindersoldat(inn)en in die Hauptstadt Monrovia. Die Rückkehr in die Heimatdörfer kam oftmals nicht in Frage, da es diese entweder nicht mehr gab, die Familienangehörigen getötet wurden oder weil die Familien während des Krieges geflohen sind. In Monrovia gab es Reintegrationsprogramme und Straßenkinderzentren für einstige Kindersoldat(inn)en. Viele wurden jedoch nicht in die bestehenden Reintegrationsprogramme aufgenommen. DDR-Programme[1] (Ent-

1 Abkürzung für Disarmament-, Demobilisation- und Reintegration-Programme

waffnung, Demobilisierung und Reintegration) deckten nicht in vollem Umfang den Bedarf an den zu betreuenden Kindersoldat(inn)en. Aus Furcht vor Stigmatisierung lassen sich Betroffene häufig nicht für die Programme registrieren. Dies gilt insbesondere für die Gruppe der Mädchen und jungen Frauen, die als Soldatinnen kämpften.

In Monrovia begegneten mir ehemalige Kindersoldat(inn)en. Häufig waren es junge Männer, die bettelnd durch die Straßen liefen, Autos anhielten, um eine Spende zu erhalten. Für viele von ihnen war charakteristisch, dass sie amputierte Gliedmaßen aufwiesen und sich auf provisorische Gehhilfen stützten. Sie waren in kleinen Gruppen unterwegs und sie stachen entsprechend hervor. Über kurze Gespräche erfuhr ich, dass sich die einstigen Kindersoldaten ein mal pro Woche im Fußballstadion treffen, um gemeinschaftlich Fußball zu spielen. Nachdem ich kurze Zeit später am Stadion vorbei fuhr, sah ich einige von ihnen, die mit Krücken, Rollstühlen und Provisorien versuchten, den Ball in das gegnerische Tor zu spielen. Frauen und Mädchen, ehemalige Kindersoldatinnen, waren nicht zu sehen, weder auf den Straßen Monrovias noch im Stadion.

Die Schule LREC, an der ich tätig war, ist circa 20 Kilometer von der Hauptstadt Liberias entfernt. Die wöchentlichen Einkäufe für die Schule wurden in Monrovia getätigt. Auf dem Weg dorthin fiel mir auf, dass an einer Bushaltestelle Tag für Tag ein Mann ohne Bekleidung lag, spindeldürr und ausgetrocknet. Auf meine Frage, was mit ihm passiert sei, antwortete man mir, dass dieser Kindersoldat im liberianischen Bürgerkrieg war. Er kehrte zurück nach Hause und wurde ausgestoßen. Niemand fühlt sich verantwortlich für ihn und niemand möchte etwas mit ihm zu tun haben.

Gemäß der Schätzung der Vereinten Nationen sind auf der Welt 250.000 Kindersoldaten im Einsatz. Untersuchungen der Hamburger Arbeitsgemeinschaft für Kriegsursachenforschung (AKUF) zufolge gab es im Jahr 2010 32 Kriege und bewaffnete Konflikte weltweit, davon sind in Asien 10 (u.a. Indien, Myanmar, Philippinen, Pakistan, Thailand), in Afrika 10 (u.a. Äthiopien, Kongo, Senegal, Somalia, Sudan, Tschad, Uganda, Nigeria, Zentralafrikanische Republik), im Vorderen und Mittleren Orient 10 (u.a. Afghanistan, Algerien, Iran, Irak, Israel, Jemen, Tadschikistan, Russland, Türkei) und in Südamerika 2 (u. a. Kolumbien, Peru) zu verzeichnen.

Die Kriegsverwendungsfähigkeit von Kindern wird von Oppositionellen, Rebellenführern und Revolutionären erkannt und für Ziele und Zwecke ihrer Kriege missbraucht.

Ziel der vorliegenden Arbeit ist es, aufzuzeigen, welche weiterführenden Aspekte in bestehenden Programmen und Konzepten der Demobilisierung, der Rehabilitation und der sozialen Reintegration unter dem Aspekt der Enttraumatisierung Berücksichtigung finden müssen, um auf ehemalige Kindersoldat(inn)en nachhaltig einzuwirken, sie genesen zu lassen und ihr Leben, nach den bitteren Erfahrungen, die ein Krieg mit sich bringt, lebenswert zu gestalten. Die bestehenden Gesellschaftsstrukturen sind hierbei mit einzubeziehen. Es ist außerdem notwendig, die gegenwärtigen Rechtsmittel der Vereinten Nationen zu begutachten, um Überlegungen anzustellen, wie die Grenzen der sozialen Reintegration durch eine Erweiterung der Methoden und Maßnahmen durchstoßen werden können.

Um konstruktive Lösungen zu finden, ist es notwendig, zunächst das Phänomen der Kindersoldat(inn)en zu beschreiben, den Begriff zu definieren und zu erläutern. Die Fragen, wer die Kinder sind, woher sie kommen, was sie tun, wie sie es tun und was dazu führen kann, dass Kinder in bewaffneten Konflikten eine entscheidende Rolle spielen, werden in KAPITEL 2 beantwortet. Im Anschluss daran wird die Thematik der „Neuen Kriege“ aufgegriffen. Ein entscheidendes Merkmal der „Neuen Kriegsführung“ ist der Einsatz von Kindersoldat(inn)en.

KAPITEL 3 wird die Traumatologie behandeln. Zunächst werde ich die Grundelemente einer Traumatisierung darlegen, um im Folgenden zentrale Erklärungsansätze aus der Speziellen Psychotraumatologie zu formulieren. Menschen aus Kriegs- und Krisengebieten können unterschiedliche Traumata erfahren. Kriegstraumatisierungen und mögliche Krankheitsbilder werden im nächsten Abschnitt ausgeführt. Für die Thematik der Arbeit ist es notwendig, speziell Kindheitstraumata und Vergewaltigungstraumata aus psychotraumatologischer Sicht zu beschreiben. Danach werden Möglichkeiten der Traumadiagnostik benannt, die es in der therapeutischen Arbeit mit ehemaligen Kindersoldat(inn)en gibt. Im Anschluss werden die Traumatherapie, Behandlungsansätze und die Grundlagen für die Therapie mit ehemaligen Kindersoldaten behandelt.

Die Demobilisierung, Entwaffnung, ist der erste Schritt, Kindersoldat(inn)en zurück ins Leben zu verhelfen. Welche Maßnahmen die Demobilisierung beinhaltet, welche erforderlichen Schritte für die Rehabilitation und die Reintegration notwendig sind, wird KAPITEL 4 beschreiben.

Daran anknüpfend folgen Aussagen über Möglichkeiten und Grenzen der sozialen Eingliederung ehemaliger Kindersoldat(inn)en unter dem Aspekt der Enttraumatisierung.

Die soziale Eingliederung hängt von Faktoren der internationalen Entwicklungszusammenarbeit ab. In KAPITEL 5 befasse ich mich mit den Zielen der Entwicklungspolitik, den Interessenkonflikten der Geberländer und der Entstehung des Phänomens der Kindersoldat(inn)en unter Einbezug der zuvor getroffenen Aussagen.

Meine persönlichen Überlegungen und Empfehlungen für die Verbesserung von Konzepten im Umgang mit Kindern, die als Kindersoldat(inn)en im Einsatz waren, sowie grundlegende Forderungen an eine globale Entwicklungszusammenarbeit werde ich in KAPITEL 6 schlussfolgernd zusammenfassen. Es werden Überlegungen angestellt, in welchem Umfang Entwicklungshilfen mitverantwortlich sind, dass Kindersoldat(inn)en zum Einsatz in Kriegen kommen und wie Maßnahmen effektiv bei der Wiedereingliederung in die Gesellschaft eingesetzt werden sollten.

2. Das Phänomen Kindersoldat(inn)en

Die „Coalition to Stop the Use of Child Soldiers" definiert den Begriff Kindersoldat wie folgt:

> *„Jede Person, die jünger als 18 Jahre alt ist und einer Regierungsarmee oder einer anderen regulären oder irregulären bewaffneten Gruppe als Mitglied angehört oder ihr angeschlossen ist. Dabei ist es gleichgültig, ob es einen bewaffneten Konflikt gibt oder nicht. Kindersoldaten führen eine Fülle von Aufgaben durch: Teilnahme an Kampfeinsätzen, Minenlegen, Spionage, Kundschafter, Einsätze als Lockvögel, Kuriere oder Leibwächter; sie trainieren und drillen neue Rekruten; haben logistische und Unterstützungsfunktionen, sind Träger, Köche und Haushaltshilfen und dienen als Sexsklavinnen oder werden für sexuelle Zwecke rekrutiert."*
>
> (Biedermann, 2007, S. 3)

Als „disposable people" oder auch als „Wegwerfmenschen in Diensten von Generälen und Warlords", werden Kinder bezeichnet, die als Soldaten und Soldatinnen an vorderster Front kämpfen (vgl. „Die Zeit" vom 28.08.03, Nuscheler, 2005, S. 183). Sie werden benutzt und wie ein Gebrauchsgegenstand ausgetauscht, wenn dieser nicht mehr funktioniert oder gar kaputt geht. Kindersoldat(inn)en sind keine Erscheinung einer bestimmten Region. Sie treten in den aktuellen Konfliktgebieten weltweit zutage und kämpfen für Regierungsarmeen, Rebellenbewegungen sowie Guerilla- und Söldnertruppen (vgl. Brett/McCallin, 2001, S. 30 und Münkler, 2004, S. 7).

Die Frage, woher die Kindersoldat(inn)en kommen, wird von Rachel Brett und Margaret McCallin in dem Buch, „Kinder – Die Unsichtbaren Soldaten", beantwortet. Dort heißt es: *„Erstens stammen die Kinder aus den armen oder anderweitig benachteiligten Teilen der Gesellschaft. Zweitens stammen sie aus den aktuellen Konfliktzonen und drittens, über allem und überlappend zu den anderen Kategorien, kommen sie aus gestörten oder nicht existenten Familienverhältnissen."* (vgl. Brett/McCallin, 2001, S. 63)

Hierzu zählen auch Kinder ohne Familienbindung, Kinder auf der Flucht und Kinder, die kein gültiges Geburtsdokument haben (vgl. Schmid/Schmid, 2001, S. 25). Es ist einfach, Kinder aus verarmten Gegenden zu verschleppen und unter Zwang zu rekrutieren. Familien und Gemeinden haben kaum eine Chance, ihre Kinder vor den sie überfallenden Rebellen zu schützen und sich der Zwangsrekrutierung zu widersetzen (VGL. BRETT/MCCALLIN, 2001, S. 65). Besteht bei den bewaffneten Oppositionsgruppen oder Rebellenbewegungen ein Mangel an Soldaten, werden Dörfer und/oder Flüchtlingslager überfallen und die sich dort aufhaltenden Kinder verschleppt und rekrutiert. Dies geschieht dann oftmals ohne die Berücksichtigung von Alter und Geschlecht (VGL. SCHMID/SCHMID, 2001, S. 25). Hier kann es auch zu einem Wettstreit der bewaffneten Gruppierungen untereinander, um die Anzahl bewaffneter junger Kämpfer, kommen.

„Es gibt außerdem gute Gründe für die Befürchtung, dass sich ein Teufelskreis der Präventiv – Rekrutierung entwickelt, dabei versucht jede Seite nach den Kindern zu greifen, damit sie nicht von der anderen Seite angeworben und zwangsrekrutiert werden.“ (BRETT/MCCALLIN, 2001,S.33)

Beschwerliche Lebensumstände von Familien und Gemeinden können dazu führen, dass diese ihre Kinder freiwillig an bewaffnete Gruppierungen herausgeben, da sie darin einen Weg für sich sehen, der Armutsfalle zu entkommen (VGL. BRETT/MCCALLIN, 2001, S. 60).

Die freiwillige Entscheidung der Kinder für den Beitritt in eine bewaffnete Gruppierung hat für sie, aus ärmlichen Verhältnissen stammend, einen sozialen und wirtschaftlichen Anreiz. Die Angst, getötet zu werden und der Glaube, sie befänden sich im Schutz, ist zudem ein Grund dafür, warum Kinder sich freiwillig einer kämpfenden Gruppierung zur Verfügung stellen (VGL. SCHMID/SCHMID, 2001, S. 41).

„Der weitgehende Ausschluss von den Erwerbsmöglichkeiten der Friedensökonomie, Hunger und die soziale Perspektivlosigkeit treibt Jugendliche wie von selbst in die Arme der Warlords.“ (MÜNKLER 2004, S. 138)

Es ist ebenso unkompliziert, Waisen und herumlungernde Straßenkinder aufzugreifen und von einem Dienst für eine Rebellenbewegung zu überzeugen. Die Kinder leiden unter fehlenden Perspektiven, den fehlenden Möglichkeiten, eine Schule zu besuchen und unter der wirtschaftlichen und sozialen Ausgrenzung. Armut und Arbeitslosigkeit sind entscheidende Faktoren, sich für den freiwilligen Kampfeinsatz zu entscheiden. Der Krieg ist oft der einzige „Wirtschaftszweig“, den das Heimatland zu bieten hat. Durch den freiwilligen Eintritt in die Armee, in eine bewaffnete Oppositionsgruppe oder in eine Rebellenbewegung sehen diese Kinder eine Möglichkeit, Geld zu verdienen und schnell und leicht an begehrte Konsumgüter zu gelangen (VGL. MÜNKLER, 2004, S. 138).

Kindersoldaten sind aufgrund ihres Alters und der fehlenden Perspektiven leicht beeinflussbar und steuerbar (VGL. NUSCHELER, 2005, S. 184). Für kriegerische Gruppierungen ist es ein Leichtes, das Unwissen der Kinder, die fehlenden Zukunftschancen, die Armut und die soziale und wirtschaftliche Gesamtsituation des Gebietes oder gar Landes dafür zu nutzen, Kinder als Freiwillige für sich kämpfen zu lassen. Die Investitionen seitens kriegerischer Gruppen belaufen sich nur auf die Zahlung geringer Solde und leerer Versprechungen darüber, dass die Kinder nach dem Krieg eine Schule besuchen können und ihre Versorgung gewährleistet ist (VGL. SCHMID/SCHMID, 2001, S. 25).

Der Aufenthalt der Kinder in den bewaffneten Gruppen ist unbegrenzt und dauert häufig bis zum Ende des Konflikts an (VGL. BRETT/McCALLIN, 2001, S. 30). Die Kinder werden zunächst auf Gewalt eingestellt. Die Methoden und Strategien der bewaffneten Oppositionsgruppen und Rebellenbewegungen werden im Kapitel 2.2 näher erläutert.

Kinder werden ausgebildet für die Gewalt und damit zu Produzenten von Gewalt. Jungen als auch Mädchen sind für Kampfhandlungen vorgesehen.

„Sie werden dort eingesetzt, wo ihre geringe Körpergröße und ihre Beweglichkeit als Vorteile angesehen werden – für Spionage, Kommunikation und Minenräumung.“ (BRETT/McCALLIN, 2001, S. 22)

Als menschliche Schutzschilde und Gefahrenanzeiger werden sie an die vorderste Front geschickt. Verwundungen oder der Tod der Kinder können Folgen der Unwissenheit und Unerfahrenheit sein, da nur zum Teil spezielle Trainingsprogramme vor den Einsätzen durchgeführt werden (VGL. NUSCHELER, 2005, S. 184). Die „Liberation Tigers of Tamil Eelam“, die tamilische Rebellenorganisation in Sri Lanka, benutzte bevorzugt Mädchen für die Ausübung von Selbstmordattentaten oder um sie an vorderster Front für sich kämpfen zu lassen (VGL. BÜTTNER/MEHL/SCHLAFFER/NAUCK, 2004, S. 88 F., NUSCHELER, 2005, S. 183).

Die Aufgaben von Jungen und Mädchen im Krieg unterscheiden sich dadurch, dass weibliche Kindersoldaten zum großen Teil für Versorgungstätigkeiten, die Betreuung eigener Kinder oder jüngerer Kindersoldat(inn)en, sexuelle Dienste und das Eingehen von Zwangsehen vorgesehen sind. Versorgungstätigkeiten beinhalten das Kochen und die Beschaffung von Lebensmitteln. Sexueller Missbrauch und Vergewaltigung fallen unter die sexuellen Dienste der Mädchen (VGL. NUSCHELER, 2005, S. 183, SCHMID/SCHMID, 2001, S. 26). Männliche Kindersoldaten übernehmen Aufgaben wie den Wachdienste oder Trägerdienste. Heranwachsende werden unter anderem beauftragt, Vergewaltigungen durchzuführen. Sie können auch die Aufgabe erhalten, die Rekrutierung von Kindern zu übernehmen (VGL. BRETT/MCCALLIN, 2001, S. 88 FF. UND S. 94).

Das Phänomen der Kindersoldat(inn)en ist ein Produkt der „Neuen Kriege". Liquide Mittel aus Unterstützungsleistungen und Hilfslieferungen aus aller Welt, Korruption, illegale Märkte und die Einbindung in den Weltmarkt als eigenständige Kriegsökonomie sind Voraussetzungen der „Neuen Kriegsführung" und bilden somit auch Voraussetzungen für das Phänomen der Kindersoldat(inn)en. Die „Neuen Kriege" und ihre spezielle Charakteristik werden in Kapitel 2.2 ausführlicher beschrieben (VGL. MÜNKLER, S. 36).

Nach Beendigung des Krieges oder nach der Entlassung schließen sich Kinder, die jahrelang als Kindersoldat(inn)en tätig waren und nichts anderes gelernt haben, häufig neuen Gruppierungen oder Söldnergruppen an.

„Um überleben zu können, sind die inzwischen jungen Erwachsenen gezwungen, zu stehlen, Fremde und Bekannte auszurauben oder sich zu prostituieren." (SCHMID/SCHMID, 2001, S. 10)

Die Perspektivlosigkeit in dem durch den Krieg zerstörten Land stürzt erneut auf sie ein. Ihre Dörfer wurden im Krieg eventuell verwüstet und ausgeraubt, die Familien wurden getötet, sind geflohen oder wollen ihre Kinder nach der Entlassung nicht mehr zurück. Für viele gibt es keinen Ort, an den sie zurückkehren könnten. In der Fachsprache internationaler Hilfsorganisationen wird ein Mensch, für den die Rückkehr in die Heimat ausgeschlossen ist oder dessen Heimat zerstört wurde als „displaced person" bezeichnet (VGL. REHRL, 2006, S. 14 UND SCHMID/SCHMID, 2001, S. 10). Ehemalige Kindersoldat(inn)en entscheiden sich aber auch aus Scham- und Schuldgefühlen dafür, nicht mehr heimzukehren. Alles, was sie durch den Kriegsdienst erreichen wollten oder was ihnen versprochen wurde, blieb unerfüllt.

Demobilisierungs- Rehabilitations- und Reintegrationsprogramme arbeiten daran, dass Kindersoldaten aus den Armeen entlassen werden und ihnen Projekte für die körperliche und seelische Genesung sowie für die Wiedereingliederung in die Gesellschaft zur Verfügung stehen. Die Programme beinhalten zudem präventive Maßnahmen mit dem Ziel, der Rekrutierung und dem Einsatz von Kindern in Kampfhandlungen Einhalt zu gebieten. Im Kapitel 4 wird der gesamte Reintegrationsprozess ausführlich beschrieben.

2.1 Zahlen und Fakten zum militärischen Missbrauch von Kindern

Die Anzahl der weltweit in Kampfeinsätzen beteiligten Kinder kann weder von den Vereinten Nationen noch von der „Coalition to Stop the Use of Child Soldiers" genauestens festgelegt werden. Diese Zahl kann nur einer Schätzung unterliegen, weil es nicht möglich ist, alle im Einsatz stehenden Kindersoldaten zu erfassen. Dass Kinder in Kampfeinsätzen aktiv sind oder aktiv waren, wird verschwiegen, abgestritten oder eine Aussage wird gänzlich verweigert. Da in vielen Ländern keine Geburtslisten geführt werden oder Geburtsdokumente nicht mehr vorhanden sind, können die Altersangaben der Kinder seitens der Machthaber gefälscht sein. Offiziell stellen Kinder kein festes Systemelement einer Armee oder bewaffneten Gruppierung dar. Sie sind „unsichtbar", da die Infrastruktur in Ländern, die sich in einem Bürgerkrieg befinden, oftmals so zerstört ist, dass es bereits schwierig ist, überhaupt in die abgelegenen Konfliktgebiete durchzudringen. Die bewaffneten Gruppierungen sind in diesen Gebieten kriegerisch aktiv, was zur Folge hat, dass die Öffentlichkeit keinen Einblick in die Aktivitäten erhält. Kindersoldat(inn)en sind kaum sichtbar, da sie häufig nicht von Kampfeinsätzen zurückkehren oder aufgrund ihrer Verletzungen oder ihres Todes zurückgelassen werden. In hoher Zahl bleiben Kindersoldat(inn)en auch unsichtbar, weil sie als Heranwachsende kaum noch als Kinder zu erkennen sind (VGL. BRETT/MCCALLIN, 2001, S. 21 FF.).

Der Schutz des Kindes ist in den Genfer Konventionen, in den Zusatzprotokollen zum Schutz der Opfer nicht internationaler bewaffneter Konflikte, im Übereinkommen über die Rechte des Kindes (UN-Kinderrechtskonvention) und in den internationalen Bestimmungen des Völkerrechts rechtlich gesichert. Die wichtigsten Gesetzesgrundlagen, die Kinder in bewaffneten Konflikten betreffen werden im Folgenden dargelegt.

Die Genfer Konventionen sind Teil des Völkerrechts. Heute haben die Genfer Konventionen in mehr als 160 Ländern offizielle Gültigkeit (VGL. SCHMID/SCHMID, 2001, S. 17 FF.). Sie werden ausschließlich in der Zeit internationaler bewaffneter Konflikte angewendet. Die Artikel 1 und 2 beziehen sich darauf, dass die Streitkräfte eines Landes sicher zu stellen haben, dass kein Mitglied ihrer Gruppe, das unter 18 Jahre alt ist, rekrutiert wird und an bewaffneten Konflikten teilnimmt:

Article 1: "States Parties shall take all feasible measures to ensure that members of their armed forces who have not attained the age of 18 years do not take a direct part in hostilities."

Article 2: "States Parties shall ensure that persons who have not attained the age of 18 years are not compulsorily recruited into their armed forces."

(SCHMID/SCHMID, 2001, S. 147)

Das Übereinkommen der UN-Kinderrechtskonvention besteht unabhängig von den Genfer Konventionen. Es regelt unter anderem das Recht des Kindes auf die Registrierung in einem Geburtsverzeichnis.

Artikel 7: „Das Kind ist unverzüglich nach seiner Geburt in ein Register einzutragen und hat das Recht auf einen Namen von Geburt an, das Recht, eine Staatsangehörigkeit zu erwerben, (…)."

„Das Internationale Komitee des Roten Kreuzes (IKRK) als Förderer und Hüter des humanitären Völkerrechts hat die Aufgabe, sich für die Achtung dieses Rechts einzusetzen." (SCHMID/SCHMID, 2001, S. 39)

Werden die Völkerrechte verletzt, treten strafrechtliche Verfolgungen ein. Der Internationale Strafgerichtshof ist eine ständige Einrichtung mit Sitz in Den Haag/Niederlande. Der Gerichtshof kann nur dann strafverfolgend tätig werden, wenn Staaten nicht selbst willens oder nicht in der Lage sind, eine bestimmte schwere Straftat ernsthaft zu verfolgen (Grundsatz der Komplementarität, Artikel 17). Die Straftatbestände betreffen Völkermord, Verbrechen gegen die Menschlichkeit und Kriegsverbrechen gemäß Artikel 6 bis 8 sowie die Verletzung der Vereinbarungen in den Zusatzprotokollen I und II zu den Genfer Übereinkommen über den Schutz der Opfer bewaffneter Konflikte.

Es *„…schlossen sich im Juli 1998 sechs international führende Nichtregierungsorganisationen zu einer Koalition für die Beendigung des Einsatzes von Kindersoldaten zusammen: amnesty international, Human Rights Watch, Internationale Föderation terre des hommes, International Save the Children Alliance, Jesuit Refugee Service und Quaker United Nations Office Genf."* (SCHMID/SCHMID, 2001, S. 31)

Das oberste Ziel ist die Anerkennung und Umsetzung dieses Standards durch alle bewaffneten Kräfte und Gruppen, nationale Streitkräfte sowie Nichtregierungsgruppen als auch Rebellenorganisationen (VGL. NUSCHELER, 2005, S. 184).

Staaten, die aktuell einen Bürgerkrieg oder einen bewaffneten Konflikt austragen, haben sich teilweise in der Vergangenheit zu den bestehende Rechtsbestimmungen bekannt und diese ratifiziert, dass heißt mit ihrer Unterschrift ausdrücklich bestätigt. Aufgrund dessen, dass bewaffnete Gruppierungen nicht staatlich organisiert sind, sie keiner Kontrollinstanz unterstehen und sie die Regierungsgewalt nicht respektieren, können Kinder dennoch am Kriegsgeschehen teilnehmen. Die Vergehen sind oftmals schwer beweisbar. Kinder, die als Soldaten missbraucht werden, sind als solche nicht registriert, die Geburtslisten sind zerstört oder niemals geführt worden.

2.2 Die „Neuen Kriege" – Kindersoldat(inn)en als Voraussetzung der neuen Kriegsführung

Zum Teil jahrzehntelang herrschen in Ländern Bürgerkriege, in denen sich organisierte Gruppierungen innerstaatlich um die Macht und Herrschaft über ein Gebiet, die Abtrennung eines Gebietsteils oder aus politischen, ethnischen oder religiösen Gründen bekämpfen. Die Gründe, warum sie geführt werden, geraten mit der Zeit oft in Vergessenheit und/oder sie sind zum Teil nicht mehr relevant. Der aus der Geschichte bekannte Staatenkrieg wurde abgelöst von innerstaatlichen Auseinandersetzungen, in denen sich nichtstaatlichen Gruppierungen untereinander bekriegen oder gegen die Regierungsarmee Krieg führen. Zu den nichtsstaatlichen bewaffneten Gruppen gehören zum Beispiel die von Kriegsherrn, so genannten „Warlords", geführten Rebellenbewegungen, Guerillagruppen, Oppositionsgruppen oder auch Terrornetzwerke. Angesichts der Unübersichtlichkeit der Konfliktgründe und Gewaltmotive bezeichnet Herfried Münkler diese Kriege als die „Neuen Kriege" (vgl. Münkler, 2004, S. 7 ff.).

Dieses Kapitel wird zunächst die spezifischen Charakteristika beschreiben, die an den „Neuen Kriegen" zu beobachten sind. Daran anknüpfend werden die Strategien der „Neuen Kriegsführung" dargelegt sowie im Anschluss deren Ursachen und Folgewirkungen behandelt.

Die „Neuen Kriege" charakterisieren sich über die Entstaatlichung und Privatisierung kriegerischer Gewalt. Warlords, Rebellenführer und Revolutionäre, die wirtschaftlichen Nutzen aus dem Kriegsgeschehen ziehen wollen und nicht von politischen Motiven geleitet werden, schaffen es innerhalb kürzester Zeit, sich mit geringem finanziellen Aufwand in eine bewaffnete Gruppierung zu verwandeln. Rechtlichen

Bestimmungen, wie dem internationalen Völkerrecht, den UN-Kinderrechtskonventionen und den Genfer Konventionen, wird sich entzogen.

In Staatenkriegen spricht man von symmetrischen ebenbürtigen, Kriegsparteien, die gegeneinander Krieg führen. Für die „Neuen Kriege" ist die Asymmetrie der Kriegsparteien ein typisches Merkmal. Die technische und militärische Ausstattung der Parteien ist ungleichgewichtig. Ein Charakteristikum liegt in der Verselbständigung der Kriege. Das Kriegsgeschehen und der Verlauf sind nicht mehr von regulären Armeen kontrollierbar. Da es keine klaren Fronten gibt, kommt es selten zu Kämpfen und großen Schlachten. Die bewaffneten Gruppen verschonen sich gegenseitig. Übergriffe und Kämpfe richten sich vor allem gegen die einheimische Bevölkerung, da Dörfer und Gemeinden Gelegenheiten bieten, Lebensnotwendigkeiten zu beschaffen und den Erhalt der bewaffneten Gruppe über neue Rekrutierungen zu sichern. Gewalt hat in diesem Zusammenhang den Nutzen der Selbsterhaltung und nicht das Ziel, den Krieg aufgrund des Sieges einer Kriegspartei über die andere zu beenden. Da keine Notwendigkeit besteht, Entscheidungsschlachten zwischen den beteiligten Gruppierungen auszutragen, gibt es in diesem Sinne auch keine Gewinner oder Verlierer. Die Kampfhandlungen ereignen sich nicht nur auf einem begrenzten Territorium. Sie können sich auf das Hinterland und auf umliegende Nachbarstaaten ausweiten (VGL. ÖSTERREICHISCHES STUDIENZENTRUM FÜR FRIEDEN UND KONFLIKTLÖSUNG, 2009, S. 49). Die „Neuen Kriege" können und sollen aus Sicht der Machthaber über viele Jahre andauern und wechseln zwischen Ruhe- und Eskalationsphasen. Kriege, die auf kleiner Flamme laufen, werden auch als „low intensity wars" bezeichnet. Das Ende des Krieges bedeutet für Machthaber, Verbündete und Anhänger den Verlust einer Einnahmequelle sowie Einbußen in ihrem Machtbereich.

Die „Neuen Kriege" kennzeichnet die Entwicklung eigener Kriegsökonomien. Warlords, die als Kriegsunternehmer fungieren und den Krieg als Erwerbsquelle ansehen, gleichen die von ihnen eingenommenen Gebiete so an, dass sie der aktuellen Kriegslage zuarbeiten. Hierzu zählen die Beschaffung von Waffen, Munition und Ausrüstung, die Koordination der Transporte und Transportmittel über die zur Verfügung stehende Infrastruktur, die Beschaffung von Lebensmitteln, die Organisation der Einsätze der für sie kämpfenden Soldaten, die Ermittlung des Bedarfs an zusätzlichen Rekrutierungen sowie die Kriegsfinanzierung. Es bilden sich so genannte Schattenökonomien heraus, die mit illegalen Gütern, wie Waffen, Drogen, Diamanten und anderen Rohstoffen handeln. Kriegsökonomien werden zum Bestandteil des internationalen Wirtschaftslebens. Je länger Warlords, Rebellenführer oder Anführer bewaffneter Oppositionsgruppen auf Hilfsmittel, Arbeitsmittel und Kapital der Weltwirtschaft zurückgreifen können, desto länger werden diese Kriege bestehen bleiben. *„Bellum se ipsum alet“* (*Der Krieg wird sich selbst nähren)* bekundete der römische Feldherr Marcus Porcius Cato Censorius (* 234 v. Chr. in Tusculum; † 149 v. Chr. in Rom) schon vor über 2000 Jahren.

Die Art und Beschaffenheit der Waffen, die verwendet werden, stellen ein weiteres Merkmal der „Neuen Kriege“ dar. Es werden häufig Messer und Macheten verwendet, die den altertümlichen Instrumenten einer Kriegsführung gleichen. Die Produktionskosten der Handfeuerwaffen sinken mit zunehmender Menge. Auf dem Schwarzmarkt sind sie aufgrund illegaler Tauschgeschäfte günstig zu erhalten. Das Gewicht ist gering und sie sind klein. Sie können auf dem internationalen Markt erworben werden. Darüber hinaus bedarf es im Umgang mit diesen Waffen keiner langen Trainingsphasen. Beispiele für Handfeuerwaffen sind die Kalaschnikow, das M-16 oder das deutsche Gewehr G3. Kinder sind mühelos in der Lage, ein M-16-Gewehr, aus den USA stammend, zu tragen, zu zerlegen und zu bedienen.

In den „Neuen Kriegen“ fallen Männer, Frauen und Kinder etlichen Grausamkeiten zum Opfer. Leid und Schmerz werden in großer Menge produziert. Massenvergewaltigungen zählen zu den strategischen Elementen. *„Mit Vergewaltigungen spart man Bomben.“* (MÜNKLER, 2007, S. 40) Diese Form von Gewaltanwendung ist ein Teil der Strategie des Krieges, der organisiert und angeordnet wird. Ein Ziel ist es, dass die Menschen freiwillig ihre Häuser aufgeben und sich von ihrem Besitz trennen. Die Vergewaltigung von Frauen und Mädchen bewirkt zudem, dass die Männer der gegnerischen Seite wesentlicher Macht- und Besitzillusionen beraubt werden und sie folglich geschwächt sind.

Eine weitere Absicht kann darin bestehen, eine ethnische Säuberung zu erreichen, wenn der Krieg einen rassistischen Hintergrund hat. Sexuelle Gewalt findet häufig im Beisein von Familienangehörigen statt. Gründe hierfür sind zum einen die Unterbrechung der Generationenfolge und die gezielte Bewusstmachung dieser Tatsache bei allen Anwesenden. Zum anderen stellt die Vergewaltigung der Frauen und Mädchen eine Art von Bonus für den Überlegenen dar. Die Auswirkungen auf eine Gemeinschaft sind immens. Die Werte und der soziale Zusammenhalt in den Dörfern werden auf unmenschliche Art und

Weise aufgehoben. Die Zerstörung trifft oft Gebiete mit einer strengen Sexualmoral und einem starken Glauben. Frauen und junge Mädchen können nicht mehr verheiratet werden und fallen der Stigmatisierung zum Opfer. Es ist möglich, dass sich ganze Gemeinschaften aufgrund der Massenvergewaltigung auflösen können. Bei einer Vielzahl vergewaltigter jungen Frauen, ist die Reproduktion innerhalb des Dorfes nicht mehr möglich.

Zu den strategischen Maßnahmen gehören auch Verstümmelungen, Folter und Tötungen der Opfer. Bei Verstümmelungen werden die Gefangenen deformiert mit der Prämisse, ihnen jede zukünftige Kriegsverwendungsfähigkeit zu nehmen.

„In Liberia wurde eine „Tabey" genannte Form der Folter bei Kindern angewandt. Dabei werden die Ellenbogen hinter dem Rücken über längere Zeiträume zusammengebunden. Dadurch werden im Ergebnis die Nerven in den Armen zerstört." (BRETT/MCCALLIN, 2001, S. 138)

Diese Formen der Gewalt sind strategische Elemente der „Neuen Kriege". Kinder erfahren sie am eigenen Leib oder es gehört zu ihrer Pflicht, diese Formen der Gewalt anzuwenden.

„‚Der Krieg', berichtet Hans Christoph Buch aus dem liberianischen Bürgerkrieg, ‚kehrt das Innere nach außen.' Diese Metapher wird wortwörtlich wahr beim Anblick des abgeschnittenen Kopfes, der an einer Kreuzung in Monrovia die rote Verkehrsampel ersetzt und Autofahrern bis hierher und nicht weiter signalisiert. Erst bei genauerem Hinsehen erkenne ich, dass das quer über die Strasse gespannte Seil, das die Auffahrt der Brücke sperrt, der Darm des Getöteten ist, dessen geköpfter Körper als makabres Stillleben auf einem Bürostuhl sitzt." (MÜNKLER, 2004, S. 30)

Hauptursachen der Entwicklung einer neuen Kriegsführung sind abgeänderte Finanzierungsformen, ethnisch- kulturelle Konflikte als auch schwache Staatsapparate. Der Krieg ist für Kriegsherrn zu einer rentablen Einnahmequelle geworden. Ihre Schattenökonomien können innerhalb der Weltwirtschaft existieren. Für Waffen und Soldaten, speziell Kindersoldaten, fallen keine hohen Kosten an. Es besteht zudem die Möglichkeit, Kindersoldaten, in Kooperation mit anderen Söldnergruppen billig zu kaufen und mit Gewinn weiter zu verkaufen. Ethnisch-kulturelle, religiöse oder ideologische Gegensätze sind häufig nur ein Vorwand, den Warlords oder anderen nutzen, um ihre Kriegswirtschaft zu betreiben. Vereinfacht gelingt es in Staaten, in denen mehrere Ethnien und Kulturen vertreten sind und die eine hohe Arbeitslosenquote aufweisen. Habgier, Korruption und persönliches Machtstreben seitens der Gewaltakteure und der Staatsmitglieder bilden die Voraussetzungen für einen allmählichen Staatszerfallsprozess, von dem sowohl die innere als auch die äußere Sicherheit betroffen sind.

„Wo keine Staatsmacht vorhanden ist, bestimmen diejenigen über Krieg und Frieden, die die größte Gewaltbereitschaft haben.“ (MÜNKLER, 2004, S. 25)

„Das Nebeneinander von bitterem Elend und unermesslichem Reichtum ist ein aussagekräftiger Indikator für die Wahrscheinlichkeit, mit der innergesellschaftliche Auseinandersetzungen in offene Bürgerkriege umschlagen.“ (MÜNKLER, 2004, S. 17)

Die Erkenntnis, dass Machthaber und ihre Interessen in einem Krieg austauschbar sind, wiegt schwer. Staaten werden aufgrund ihrer Rohstoffe und Bodenschätze geplündert, die Vermarktung dieser Güter führt zum Reichtum einer kleinen Interessengruppe. Die Allgemeinheit, die Bevölkerung des Landes, hat nicht davon profitiert. Sind Bodenschätze und Rohstoffe aufgebraucht, liegt das Bürgerkriegsland in Schutt und Asche. Aus ökonomischer Sicht der Machthaber ist das Land unrentabel geworden.

Die Auswirkungen der „Neuen Kriege“ können gravierend sein. Kriege, die Jahre bis Jahrzehnte andauern, in denen die Bevölkerung ohne Frieden und Sicherheit lebt, haben zur Folge, dass dem Land weniger Mittel zur Verfügung stehen als vor dem Krieg. Die Bevölkerung ist auf den Import von Nahrungsmitteln, medizinischer Hilfe und anderer humanitärer Güter angewiesen. Produktionsstätten für den Eigenbedarf und den Export von Gütern werden im Kriegsverlauf geplündert oder zerstört. Folglich fehlen Arbeitsplätze. Die Teilhabe am Welthandel ist für lange Zeit ausgeschlossen. Die Widerstandskraft fehlt, um im internationalen Wettbewerb mitzuhalten zu können. Der Staat ist nicht mehr zur Selbstorganisation fähig und bedarf der Hilfe der Staatengemeinschaft, die die weitere Entwicklung des Staates unterstützt. In der Charta der Vereinten Nationen und dem Statut des Internationalen Gerichtshofs heißt es hinsichtlich der Internationalen Zusammenarbeit: *„Um jenen Zustand der Stabilität und Wohlfahrt herbeizuführen, der erforderlich ist, damit zwischen den Nationen friedliche und freundschaftliche, auf der Achtung vor dem Grundsatz der Gleichberechtigung und Selbstbestimmung der Völker beruhende Beziehungen herrschen, fördern die Vereinten Nationen a) (…); b) die Lösung internationaler Probleme wirtschaftlicher, sozialer, gesundheitlicher und verwandter Art sowie die internationale Zusammenarbeit auf den Gebieten der Kultur und der Erziehung; (…).“* Die Umstellung von einer Kriegs- auf eine

Friedensökonomie beinhaltet, das Bildungs-, Gesundheits- und Sicherheitssystem, die Infrastruktur und den Staatsapparat neu aufzubauen. Der Krieg wirkt sich zudem länderübergreifend aus. Die angrenzenden Staaten haben Schwierigkeiten, die Flüchtlinge zu versorgen, was im Umkehrschluss Auswirkungen auf deren Staatsökonomien hat.

„Gerade weil der Krieg so billig ist, sind die Kosten des Friedens so hoch." (vgl. Nuscheler, 2005, S. 183 ff., 406 ff.) Eine Alternative zeigt Münkler auf:*„...die meisten der neuen Kriege hingegen sind zu Ende, wenn die überwiegende Mehrheit der Menschen sich so verhält, als sei Frieden, und dabei zugleich die Durchsetzungskraft besitzt, die verbliebene Minderheit auf Dauer zu nötigen, sich ebenso zu verhalten."* (Münkler, 2004, S. 27)

3. Grundaussagen zur Traumatisierung

Die Kurzform von Psychotrauma ist das Trauma, ein medizinischer Fachbegriff, der die Zufügung von Wunden oder auch Verletzungen der Seele durch äußere Einwirkungen umschreibt (VGL. BÜTTNER/MEHL/SCHLAFFER/NAUCK, 2004, S. 182).

Ein intensiv erlebtes, lebensbedrohliches Ereignis im Leben einer Person, wie zum Beispiel sexuelle Gewalt, Naturkatastrophen, Folter u. ä., löst eine extreme psychische Belastung aus. Die Person ist außerstande, angemessen auf dieses Erlebnis zu reagieren. Das Selbst- und Weltbild einer Person wird erschüttert und ruft, aufgrund fehlender Bewältigungsmöglichkeiten, dauerhafte als auch krankhafte Symptome hervor (VGL. GRÖSCHEN, 2008, S. 19).

Gemäß dem „Verlaufsmodell psychischer Traumatisierung", das von Gottfried Fischer und Peter Riedesser entwickelt wurde, wird von drei Komponenten ausgegangen, die eine Traumatisierung beinhaltet. Es gibt die traumatische Situation, die traumatische Reaktion und den traumatischen Prozess. Als traumatische Situation wird ein Ereignis bezeichnet, das mit den psychischen Mitteln der Person nicht bewältigt werden kann. Bestimmte Situationsfaktoren fungieren als Verstärker der traumatischen Situation. Situationsfaktoren können definiert werden als die, aus objektiver Betrachtungsweise des Individuums in der traumatischen Situation, einwirkenden Extrembelastungen, die mit einer enormen Erfahrung, wie der Bedrohung des eigenen Lebens oder das anderer Personen, einhergehen. Faktoren, wie die Dauer der traumatischen Erfahrung, die Verursachung durch andere Personen, die Intensität und der Überraschungsmoment, der der Person keine Möglichkeit bietet, angemessen auf die Situation zu reagieren, spielen eine entscheidende Rolle. Durch Menschen verursachte Traumata werden als „men made traumata" bezeichnet. Sie verursachen enorme psychische Störungen, sie erschüttern das Realitätsprinzip und das Vertrauen in die Verlässlichkeit der sozialen Welt (VGL. GRÖSCHEN, 2008, S. 20 UND FISCHER/RIEDESSER, 2003, S.87 FF.).

„Je stärker die traumatischen Situationsfaktoren, desto geringer ist die Wahrscheinlichkeit, dass ein Individuum über hinreichend Ressourcen verfügt, um die Erfahrung bewältigen zu können. Bei Extremtraumatisierung durch Folter oder anderer Situationen fortwährender Lebensbedrohung dürfte so gut wie kein Mensch der psychischen Taumatisierung entgehen." (FISCHER/RIEDESSER, 2003, S. 87)

Die Wechselwirkung zwischen dem Ereignis und dem erlebenden Subjekt bestimmt eine etwaige traumatische Reaktion. Sie ist die Antwort auf das außergewöhnliche Ereignis und es können ganz unterschiedliche Notfallmechanismen ausgelöst werden, die beispielsweise eine starke Abwehrreaktion aber auch Verleugnung zur Folge haben (VGL. GRÖSCHEN, 2008, S. 20).

Die Person benötigt Zeit, die traumatische Erfahrung in sich aufzunehmen, sie einwirken zu lassen. Die traumatische Reaktion verläuft differentiell und kann in die Schockphase, die Einwirkungsphase und die Erholungsphase unterteilt werden. Die Schockphase kann von einer Stunde bis zu einer Woche andauern. Die Einwirkung des Traumas umfasst einen Zeitraum von circa zwei Wochen. Die Erholungsphase kann durch Ruhe- und Entspannungsmomente und die Einbeziehung des sozialen Umfelds herbeigeführt werden sowie den Umgebungswechsel zum Ort des Geschehens. Kommt es zu Unterbrechungen in dieser Phase, können chronische Zustände von Erschöpfung hervorgerufen werden (VGL. FISCHER/RIEDESSER, 2003, S. 156 F.).

Eine unmittelbare Folgeerscheinung auf ein bestimmtes, bedrohliches Ereignis tritt nicht automatisch bei allen Personen auf, sie kann auch gänzlich ausbleiben. Hier würde man dann nicht von traumatischer Situation und Reaktion im Sinne des Verlaufsmodells sprechen. Wird eine traumatische Reaktion ausgelöst, folgt die Phase des traumatischen Prozesses. Der Prozess gestaltet sich unterschiedlich und ist von Alter und Persönlichkeit der betroffenen Person abhängig. Es werden mittel- und langfristige traumatische Prozesse unterschieden. Risikofaktoren einer lange andauernden Traumatisierung können beispielsweise das geringe Alter der Person, anhaltender Täterkontakt oder auch Mehrfachtraumatisierungen sein. Langfristige traumatische Prozesse werden durch Traumata ausgelöst, die weit in die Vergangenheit zurückreichen, beispielsweise Kindheitstraumata. Auf eine traumatische Situation wurde auf einer früheren Entwicklungsstufe reagiert und die damalige traumatische Reaktion stört den Entwicklungsverlauf der Gegenwart. Die äußeren Faktoren zum Zeitpunkt des traumatischen Ereignisses und die individuellen Bewältigungsmöglichkeiten sind nicht in Einklang zu bringen und bewirken in der Vergangenheit als auch in der Gegenwart Gefühle von schutzloser Preisgabe und Hilflosigkeit. Das Welt- und Selbstbild wird dauerhaft erschüttert (VGL. FISCHER/RIEDESSER, 2003, S. 156 FF. UND GRÖSCHEN, 2008, S. 20).

„Die psychologischen Hauptkomponenten einer traumabedingten Störung sind die existenzielle Verunsicherung durch traumatische Erfahrun-

gen, der gestörte Bezug zur Welt durch den Verlust oder die Verletzung der psychischen Grenzen zwischen Innen und Außen und der gestörte oder blockierte Trauerprozess." (BÜTTNER/MEHL/SCHLAFFER/NAUCK, 2004, S. 183)

Traumatische Störungen oder auch Traumastörungen liegen vor, wenn mehrere Symptome, wie Posttraumatische Dissoziationsphänomene, Intrusionen, Reizvermeidung, Emotionale Taubheit oder Überregungsphänomene, länger als vier Wochen andauern. Zum Teil können Symptome, die gemeinsam auftreten, nicht genau bestimmt werden (VGL. GRÖSCHEN, 2008, S. 20 F.).

„*Das traumatische Ereignis kann demnach konstruktiv direkt oder über eine zeitweise Anpassungsstörung bzw. über kurzzeitige andere psychische Störungen wie Ängste, Depressionen u. a. verarbeitet werden, ohne dass es zur Ausbildung einer traumatischen Störung i. e. S. kommt.*" (GRÖSCHEN, 2008, S. 21)

Eine Form der Traumaverarbeitung ist, dass die Person das traumatische Erlebnis direkt und sofort verarbeitet. Es kann aber auch zu kurzzeitigen Schockreaktionen, Anpassungsstörungen, Ängsten oder Depressionen kommen, wenn die Bewältigungsmöglichkeiten der Person für die Traumaverarbeitung nicht ausreichen. Als akute Belastungsreaktion wird die Folgeerscheinung einer extremen psychischen Belastung bezeichnet. Das heißt nicht, dass sich eine traumatische Störung im Sinne einer Erkrankung herausbildet. Überwiegen Ängste, Depressionen etc. in einem Umfang, der den Alltag einer Person bereits beeinträchtigt, liegt eine dissoziative Störung als dritte Möglichkeit der Traumaverarbeitung vor. Bei dissoziativen Störungen können Symptombilder, wie Gedächtnisverlust, Identitätsstörungen, Wahrnehmungsstörungen sowie Bewusstseinsstörungen auftreten.

„*Eine dissoziative Störung ist eine Unterbrechung der Integration von Identität, Gedächtnis und Bewusstsein.*" (ZIMBARDO/GERRIG, 2004, S. 686)

Symptome können sofort, allmählich oder vorübergehend auftreten, es ist auch ein chronischer Verlauf möglich. Eine andauernde Persönlichkeitsveränderung kann eine weitere Möglichkeit der Traumaverarbeitung sein. Die Person kann sich zum einen extrem misstrauisch oder gar feindselig der Welt gegenüber verhalten. Das Gegenteil, der soziale Rückzug, ist eine andere Folgeerscheinung. Die Person kämpft mit Gefühlen von Leere, Hoffnungslosigkeit, einem chronisches Nervositätsgefühl und/oder dem Gefühl einer ständigen Bedrohung ausgesetzt zu sein (VGL. GRÖSCHEN, 2008, S. 21 FF.).

„… manchmal ein volles Leben lang, bemühen sich die Betroffenen, die überwältigende, physisch oder psychisch existenzbedrohende und oft unverständliche Erfahrung zu begreifen, sie in ihren Lebensentwurf, ihr Selbst- und Weltverständnis zu integrieren; (…).“ (FISCHER/RIEDESSER, 2003, S. 63)

Um die traumatische Erfahrung in den Alltag zu integrieren, nutzen Personen unter anderem die Strategie zur Vermeidung von Reizen, die in Bezug zur traumatischen Erfahrung stehen. Es können auch Reaktionen von emotionaler Taubheit oder Überregungsphänomen hervorgerufen werden sowie Anpassungsstörungen, Ängste und Depressionen (VGL. GRÖSCHEN, 2008, S. 67 FF.).

„Das entscheidende Bindeglied zwischen einer traumatischen Belastung und der Persönlichkeitsentwicklung ist die Ausbildung traumabezogener Erwartungen an das Leben.“ (BÜTTNER/MEHL/SCHLAFFER/NAUCK, 2004, S.88)

3.1 Psychotraumatologie – Zentrale Erklärungsansätze

Die Psychotraumatologie unterteilt sich in die Allgemeine (AP), die Differentielle (DP) sowie die Spezielle (SP) Psychotraumatologie.

„Die AP behandelt allgemeine Gesetzmäßigkeiten traumatischen Erlebens und dadurch bedingten Verhaltens, die DP befasst sich mit interindividuellen und intersituativen Unterschieden und Dispositionen von Traumaerleben und Traumaverarbeitung.“ (FISCHER/RIEDESSER, 2003, S. 9)

Die Spezielle Psychotraumatologie behandelt situationsspezifische Verläufe, die von den Erkenntnissen der Allgemeinen und der Differentiellen Psychotraumatologie unterstützt werden. Verbindungen werden hergestellt, um Vorhersagen für traumatische Situationen und deren Verlauf zu treffen. Im Mittelpunkt steht das individuelle menschliche Erleben. Das Individuum wird, in Bezug zum Erlebten, aus zwei Blickwinkeln betrachtet, zum einen auf der Ebene seiner psychosozialen Wirklichkeit und zum anderen auf der Ebene seiner körperlich-physischen Konstitution. Die Spezielle Psychotraumatologie befasst sich mit den Ursachen traumatischer Störungen sowie mit deren Entstehung und dem Verlauf. Es werden spezielle Untersuchungen darüber geführt, wie traumatische Störungen geheilt werden können. Hierzu sind die psychischen Vorgänge zu verstehen, wie beispielsweise die Trauerarbeit oder spezielle Abwehr- Bewältigungsmechanismen (VGL. FISCHER/RIEDESSER, 2003, S. 9).

Die Ätiologie traumatischer Störungen befasst sich mit den Ursachen traumatischer Störungen, wie den traumatischen Erlebnissen und bestimmten Risikofaktoren. Zu den traumatischen Erlebnissen zählen Kriegserfahrungen, Vergewaltigung, sexueller Missbrauch, Flucht, Folter, das Zugegensein bei Verbrechen, Naturkatastrophen, das Miterleben von Verbrechen oder auch Todesfälle im nahen Umfeld. Risikofaktoren sind belastende Lebensereignisse, die eine traumatische Erfahrung zusätzlich beeinträchtigen können. Sie fallen entweder prätraumatisch, zeitlich vor dem Trauma liegend, während der traumatischen Erfahrung oder posttraumatisch, nach dem Trauma liegend, an. Der Bürgerkrieg ist, für ein im Krieg geborenes Kind, dass mit zehn Jahren von einer Rebellengruppe zwangsrekrutiert und als Kindersoldat im Kampf eingesetzt wird, ein prätraumatischer Risikofaktor.

Die Entstehung und der Verlauf traumatischer Störungen wird als Pathogenese des psychischen Traumas bezeichnet und bezieht Mechanismen ein, die ein Störungsbild verfestigen können.

„Das pathogenetische Moment der schutzlosen Preisgabe an bedrohliche Umweltfaktoren entspricht einem extremen Kontrollverlust in der traumatischen Situation." (FISCHER/RIEDESSER, 2003, S. 87)

Julian Rotter, Vertreter der Sozialen Lerntheorie und Verfasser von Arbeiten über Selbstverantwortlichkeit, Willensfreiheit und wahrgenommener Handlungsfreiheit, unterteilte Kontrolle in die interne und externe Kontrolle. Geht die Person davon aus, dass die Kontrolle über Erfahrungen von ihm selbst bestimmt wird, handelt es sich um interne Kontrolle. Externe Kontrolle bedeutet, dass eine Person keinen darauf Einfluss hat, Entscheidungen über Erfahrungen selbst zu beeinflussen. Andere Personen, Naturkatastrophen, Zufall oder Glück übernehmen das Schicksal der Person (VGL. WEINER, 1994, S. 184).

In Situationen, in denen das Leben dauerhaft in Gefahr ist, können sich pathogenetische Momente an das, aus früheren Erfahrungen resultierende, Traumaschema anpassen. Es fällt leichter, sie zu traumatisieren, Schockzustände können gegebenenfalls ausbleiben. In Personen ist ein natürliches Überlebensbedürfnis verankert. Die vorangegangene Traumabearbeitung der Person, verarbeitet oder nicht, ist Teil des individuellen Lebenskonzepts und funktioniert mit den entwickelten Strategien weiter. Die Verluste des Vertrauens in sich selbst und in die soziale Welt sind weitere Momente, die ein Störungsbild verfestigen können. Glaubenssätze sind im Lebensalltag funktional. Eine traumatische Erfahrung kann eine Zerstörung der bestehenden Illusionen bewirken. Lösungsorientierte Ansätze kann es, im Falle von Naturkatastrophen, die Überraschungsmomente darstellen, nicht mehr geben. Der Glaubenssatz, dass die Natur bezwingbar sei, verfällt in sich. Die traumatisierte Person verliert seine illusionäre Vorerwartungen als auch den auf die Zukunft gerichteten Blickwinkel, da jetzt mit dem Unfassbaren oder gar mit dem Tod gerechnet werden muss. Zu den Bedürfnissen einer Person zählt ebenso der Wunsch nach Orientierung. „Double-bind-Situationen" können Orientierungstraumata auslösen. Eine Person sendet einer anderen Person zwei sich widersprechende Botschaften. Zunächst wird das Opfer zum Handeln gezwungen, beispielsweise unter Androhung einer Strafe. Die zweite Botschaft ist gegensätzlich und kann, entweder in Mimik, Gestik oder Kommunikation der drohenden Person, übermitteln, dass alles zum Besten für das Opfer geschieht. Dem Opfer kommt die Orientierung abhanden. Es ist möglich, dass das Opfer den eigenen Selbstwert verliert, den Täter und dessen Weltanschauung als vollkommen betrachtet und sich in ihm wieder findet. Man spricht hier vom Viktimisierungs-Syndrom.

Zu den pathogenetischen Momenten gehört auch das menschliche Bindungssystem. Beziehungstraumata werden von engen Bindungen an die Bezugsperson ausgelöst. Ein unangebrachtes Beziehungssystem, das über den Lebensentwurf aufgebaut wird, kann ein wichtiger Faktor sein. Die Bezugsperson hat die Funktionen, Schutz und Sicherheit zu vermitteln. Das Opfer befindet sich in der Lage, bei der Person, die sie negativ beeinflusst und schädlich ist, die Fürsorge zu suchen, da nicht mehr zwischen vorteilhaften und nachteiligen Beziehungsangeboten unterschieden werden kann. Die Störung der Verlässlichkeit in die soziale Welt und damit der Verlust des Grundvertrauens sind die Folgen (VGL. FISCHER/RIEDESSER, 2003, S. 87 FF.).

Abwehrmechanismen sind spezifische Verhaltensweisen, die – bewusst oder unbewusst verlaufend – Menschen schützen und verteidigen sollen, unerträglichen Erinnerungen, Erfahrungen und Konflikten ausgesetzt zu sein, deren Angst zu verringern und das Selbstwertgefühl zu stärken. Zu den Abwehrmechanismen zählen Verdrängung, Regression, Sublimierung, Reaktionsbildung, Rationalisierung, Projektion, Isolation, Identifikation, Verleugnung, Verschiebung und Phantasie. Vermeidungsmechanismen haben beispielsweise zum Ziel, traumatische Inhalte auf einen sichereren Zeitpunkt in der Zukunft zu verschieben (VGL. FISCHER/RIESESSER, 2003, S. 87 FF. UND ZIMBARDO/GERRIG, 2004, S. 618 F.).

Das Verlaufsmodell der psychischen Traumatisierung stellt die Verlaufsformen der Traumaverarbeitung übersichtlich dar. Es enthält vier

Quadranten, die für den zeitlichen Ablauf der traumatischen Reaktion stehen. Der erste Quadrant bildet das Eintreten der traumatischen Erfahrung ab. Die erste Abwehr ist der Versuch, die Situation zu kontrollieren und abzuwandeln. In der Vermeidungs- und Verleugnungsphase (zweiter Quadrant) kommt es zur Verweigerung, die Situation wahrzunehmen. Wenn es zur Verfestigung und Stabilisierung in dieser Phase kommt, reagiert eine Person in Bezug zur traumatischen Erfahrung unempfindlich oder sie verfällt in einen allgemeinen Erstarrungszustand der Persönlichkeit.

„Wilson schlägt die Unterscheidung dreier Reaktionstypen vor: Überwältigung und Überschwemmung durch Emotionen, emotionale Erstarrung (Numbing) und Versuch des Ausbalancierens negativer Gefühlserlebnisse (Affektmodulation). Durch emotionale Überschwemmung wird der Betroffene daran gehindert, die Situation realistisch wahrzunehmen und Schutzmaßnahmen zu ergreifen." (FISCHER/RIEDESSER, 2003, S. 158)

In dieser Phase ist das Eindringen von Bildern, Gefühlen und Gedanken an die traumatische Situation unumgänglich. Es wird ein Kontrollsystem aufgebaut, das zu den vorhandenen Abwehrmechanismen so genannte Coping-Strategien enthält. Der Betroffene entwickelt Strategien, stresserzeugende Momente zu beherrschen, zu ändern und die Emotionen, die der Stress hervorruft, unter Kontrolle zu bringen. Richard Lazarus entwickelte die Theorie zur Coping- beziehungsweise Stressbewältigung, wonach es drei Arten des Copings gibt: das problemorientierte Coping, das emotionsorientierte Coping und das bewertungsorientierte Coping. Der Mediziner Hans Selye unterteilte Stress in positiven Stress und negativen Disstress. Über Coping findet bei Disstress ein problemlösungsorientiertes Denken und Handeln statt, auch unter „Instrumentelles Coping" bekannt. Der Betroffene versucht, weitere Abwehr- und Kontrollmechanismen zu entwickeln, was dauerhaft zu einer Erschöpfung führen kann.

Im vierten Quadranten findet die Verarbeitung des traumatischen Erlebnisses statt (VGL. FISCHER/RIESESSER, 2003, S. 97 F., S. 151 F., S. 158).

Coping- und Abwehrstrategien können nicht immer Problem- und Konfliktsituationen unter Kontrolle bringen. Fehlen der betroffenen Person die nötigen „Werkzeuge", eine traumatische Situation ganz zu verarbeiten, gerät sie erneut in die traumatische Situation hinein, was zur Folge hat, dass die bedrohliche Situation wieder erlebt wird. Entwicklungen in den Phasen, bezogen auf das Verlaufsmodell der psychischen Traumatisierung, können stagnieren, entgleisen oder die betroffene Person in den Zustand einer früheren Phase zurückversetzen. Speziell bei Viktimisierungserfahrungen ist es notwendig, dass dem Opfer im Verlauf der Traumaverarbeitung Unterstützung und Akzeptanz zuteil wird, um eine Regeneration von Selbst- und Weltverständnis zu erzielen. Die traumatische Erfahrung kann ohne wieder erlerntes Gerechtigkeitsempfinden nicht verarbeitet werden und das Trauma bleibt für die betroffene Person unbegreiflich (vgl. Fischer/Riedesser, 2003, S. 113 und 162).

Solange die Person das eigene Zugegensein im Handlungsspielraum verneint, kann es nicht zur erforderlichen Regeneration von Selbst- und Weltbild kommen, der Täter wird weiterhin idealisiert, es kommt zu *„...einer Identifizierung mit dem Täter und Wendung der Aggression gegen die eigene Person"* (Fischer/Riedesser, 2003, S. 162). Besteht die traumatische Situation unterschwellig weiter, zum Beispiel aufgrund eines anhaltenden Täterkontakts, können auch hier Stagnationen eintreten. Betreiben Betroffene „business as usual", dass heißt, dass die seelischen Verletzungen ignoriert werden und sich besonders energisch den Aufgaben des Alltags gewidmet wird, spricht man von der so genannten „black box"; die Erlebnisse werden unsichtbar und somit nicht mehr wahrnehmbar. Können Selbst- und Weltverständnis nicht zurück gewonnen werden, ist eine endgültige Traumaverarbeitung nicht möglich. Aus den jeweiligen Symptomen ist ersichtlich, dass eine Phase der Traumaverarbeitung noch nicht bearbeitet und zum Abschluss gebracht wurde. Der fortwährende Gebrauch von Abwehrmechanismen kann zu psychischen Störungen führen (vgl. Fischer/Riesesser, 2003, S. 162 ff.).

3.2 Kriegstraumatisierung und Krankheitsbilder

„Bei Überlebenden extremer Gewalt wurde nicht allein das innere Gefühl der Sicherheit, Geborgenheit und Sinnhaftigkeit zerstört." (Gröschen, 2008, S. 19)

Dieses Kapitel wird zunächst die Ursachen für Traumatisierungen in Bürgerkriegen beschreiben. Anschließend werden die Krankheitsbilder und die damit verbundenen Symptome erklärt.

„Sexualisierte Gewalt tritt regelhaft im Kontext von Kriegen und Bürgerkriegen auf." (Gröschen, 2003, S. 26)

Sexuelle Gewaltakte gehen häufig mit der Bedrohung des eigenen Lebens einher. Mädchen und Frauen werden der persönlichen Freiheit beraubt, selbst Entscheidungen über ihr eigenen Leben zu treffen, darüber selbst zu bestimmen und es selbst zu verteidigen. Sexuelle Gewalt wird in einem Überraschungsmoment ausgeübt, der den Opfern keine Zeit lässt, darüber nachzudenken, wie dem Gewaltakt begegnet und wie das eigene Selbst verteidigt werden kann. Es gibt sexuelle Übergriffe in Gruppen, wo Opfer systematisch vergewaltigt werden. Diese Gewaltform wird auch als „Blitz-rape" bezeichnet. Die Opfer werden nicht allein mit dem sexuellen Übergriff konfrontiert, sondern auch mit Bedrohungen und verachtenden Äußerungen, die darauf abzielen, dass die Opfer gedemütigt, erniedrigt und eingeschüchtert werden. Die traumatische Erfahrung führt zur Zerstörung des Selbst- und Weltbildes. Ein mehrere Tage bis Wochen anhaltender Schockzustand ist die erste Reaktion der Opfer. Anschließend reagieren die Betroffenen kontrolliert oder expressiv auf die traumatische Erfahrung. Der kontrollierte Stil zeigt sich in Verleugnungs- und Vermeidungsreaktionen, dem Ausbleiben emotionalen Empfindens und Identitätsverlust.

Beim expressiven Stil sind Reizüberflutungen und ein zusammenhangsloser Erzählstil charakteristisch. Die unmittelbare Erfahrung, als Opfer in einer unterlegenen Position zu sein, kann bei den Betroffenen zur eigenen Verachtung führen. Sexuelle Gewalt kann auch mehrfach über einen längeren Zeitraum auftreten. Opfer geben sich selbst – zugunsten des Täters – auf oder sie versuchen, ihr Selbst zurück zu gewinnen. Eine Selbstaufgabe hat die Folge, dass sich das Opfer das Weltbild des Täters aneignet in dem Glauben, dadurch bessere Überlebenschancen zu haben. Eine Bewältigungsstrategie stellt die Rechtfertigung der Handlungen des Täters dar, ein Versuch, das eigene Selbst aufzuwerten.

Der Mechanismus der „Einverleibung" ist ein weiterer Bewältigungsversuch, bei der das Opfer versucht, das eigene Weltbild, gegen dessen Normen und Regeln verstoßen wurde, wiederherzustellen, indem es selbst die Schuldgefühle entwickelt, die der Täter nicht besitzt. Sexualisierte Gewalt kann zur Folge haben, dass Frauen, speziell in Gebieten mit einer stark ausgeprägten Sexualmoral, stigmatisiert und ausgeschlossen werden (vgl. Fischer/Riedesser, 2003, S. 317 ff. und Gröschen, 2008, S. 25 ff.).

Folter ist eine Form von massiver Gewaltausübung auf physischer und psychischer Ebene. Diese Form der Bestrafung ist immer zweckbestimmt, um unter anderem die Persönlichkeit eines Menschen zu zerstören, Bekenntnisse zu erzwingen oder soziale Gruppen einzuschüchtern. Es gibt die physische und die psychische Folter. Zu den physischen Foltermethoden gehören „*... Verbrennungen weiter Teile* *des Körpers bis zu Folter mit Elektroschocks, Eintauchen in Kot bis zur Erstickung, tagelanges Aufhängen, Einsperren in zu enge und überhitzte Räume, qualvolle körperliche Verletzungen...* "(Fischer/Riedesser, 2003, S. 261 f.).

Weitere Methoden sind Würgen, Schlafentzug, Zwangshaltungen im Stehen, auf den Knien, im Sitzen und ähnliche, hungern und dursten lassen, Gewaltanwendung im Bereich der Genitalien, Verstümmelungen an Haut, Zunge, Ohren, Genitalien, Gliedmaßen, Zahnfolter sowie Zwangsarbeit und andere. Das Foltern auf psychischer Ebene kann von erzwungenem Nacktsein, Demütigungen, verbundenen Augen, dem Zugegensein bei der Folter naher Angehöriger oder anderer Personen, Beteiligung an der Folter von Bekannten und Verwandten, widersprüchlichen Aufforderungen unter massivem Druck bis hin zu Verrat gehen. Auch der Einsatz von „double-bind-Methoden", durchzuhalten oder andere zu verraten, gehört zu den physischen Folterverfahren. Bei der medikamentösen Folter werden unter anderem Substanzen verabreicht, die unzumutbare Schmerzen hervorrufen können. Es können auch Suchtmittel und halluzinogene Wirkstoffe verabreicht werden (vgl. Fischer/Riedesser, 2003, S. 261 ff. und Gröschen, 2008, S. 27 ff.).

Zu den traumatischen Erfahrungen in Bürgerkriegen, die Menschen erleiden, gehören unter anderem Todesfälle in der Familie und der Gemeinschaft, das Erleben von Gewalt an sich und anderen sowie das eigene Leben bedrohende Situationen. Der Bürgerkrieg kann als Risikofaktor vor, während oder nach dem Trauma Einfluss auf traumatische Erfahrungen haben. In Bürgerkriegen kann es zu Mehrfachtraumatisierungen kommen. Opfer können gleichartige traumatische Erfahrungen haben, wie beispielsweise zwei aufeinander folgende Vergewaltigungen von unterschiedlichen Tätern. Menschen in Bürgerkriegsländern können auch durch unterschiedliche Gewalterfahrungen mehrfach traumatisiert sein, so zum Beispiel das Erleben von sexueller Gewalt und Folter. Der Einzelne, Gemeinschaften und die Gesellschaften werden durch einen Krieg geschwächt, moralische und ethische Werte werden aufgehoben, soziale Netzwerke zerstört. Die Menschen leiden unter den schlechten Lebensbedingungen. Häuser, Dörfer, Städte sind verwüstet, die Infrastruktur stark beschädigt. Sie leiden zum Teil an Hunger und an Armut. Bürgerkriege erschüttern die Basis eines gesellschaftlichen Miteinanders und erzeugen Gefühle der Unsicherheit und des Ausgeliefertseins. Die Menschen sind von existenziellen Bedrohungen umgeben, wie der, mit der „*Angst leben zu müssen, verschleppt, ver-*

sklavt, umgebracht, der Lebensgrundlagen beraubt oder der Kollaboration mit der jeweils anderen Partei angeklagt zu werden" (GRÖSCHEN, 2008, S. 28). Überlebensmechanismen, Fluchtbereitschaft und Gefahrenwitterung bilden sich heraus (VGL. GRÖSCHEN, 2008, S. 28 FF., BÜTTNER/MEHL/SCHLAFFER/NAUCK, 2004, S. 63).

Reaktionen auf eine traumatische Erfahrung können in den ersten Stunden und Tagen auftreten. Sie werden als akute Belastungsreaktion zusammengefasst. Desorientierung, Unruhezustände, Angst, Hilflosigkeit als auch ein Mangel an Aufmerksamkeit sind auftretende Symptome. Darüber hinaus ist ein dissoziativer Zustand, die Verdrängung der Erfahrung aus dem Bewusstsein, für diese Reaktion charakteristisch. Aus den Symptomen der akuten Belastungsreaktion können sich Anpassungsstörungen, die Posttraumatische Belastungsstörung (PTBS) oder komplexe Störungen, wie dissoziative Störungen, somatoforme Störungen oder die andauernde Persönlichkeitsänderung, entwickeln.

Zu den Anpassungsstörungen zählen depressive Störungen oder Störungen des Sozialverhaltens. Nach traumatischen Erfahrungen treten oft Posttraumatische Belastungsstörungen, kurz PTBS, auf.

„Speziell in Populationen mit einer hohen Anzahl an erlebten Traumatypen (Flüchtlingspopulationen, kriegstraumatisierte Populationen, Folteropfer) erwies sich der „Dosis-Effekt" (...) als sehr stabil. Dieser beschreibt eine lineare Beziehung zwischen der Anzahl der erlebten Traumatypen und der PTSD-Symptomatik..." (BIEDERMANN, 2007, S. 26).

Aus Mono- und Mehrfachtraumatisierungen resultieren häufig aus komplexen Traumafolgestörungen, die Symptome der PTBS aber auch anderer Krankheitsbilder aufweisen (VGL. LANDOLT/HENSEL, 2008, S. 30 UND BIEDERMANN, 2007, S. 24).

Die PTBS entsteht als Folge einer traumatischen Erfahrung, die als Ursache für die Störung gilt. Sie wird zu den Angststörungen gezählt. Die akute PTBS umfasst einen Zeitraum von weniger als drei Monaten. Eine chronische PTBS liegt vor, wenn die Störung länger als drei Monate andauert. Die dritte Form wird als PTBS mit verzögertem Beginn bezeichnet, bei der sich die Symptome frühestens nach sechs Monaten abzeichnen. Gemäß dem „Diagnostischen und Statistischen Manual psychischer Störungen" (DSM) der American Psychatric Association sind die folgenden Kriterien für die Diagnose einer PTBS zu erfüllen:

Das Kriterium A umfasst die Definition des traumatischen Ereignisses aus objektiver und subjektiver Sicht. Eine lebensbedrohliche Situation der eigenen oder anderer Personen muss direkt erlebt oder beobachtet worden sein. Symptome des Wiedererlebens der traumatischen Erfahrung, wie Alpträume und intensive psychische und physische Reaktionen auf traumabezogene Erinnerungen sind zu erfüllende Merkmale für Kriterium B. Kriterium C steht für die Entwicklung von Vermeidungsstrategien, die aus Reizen, bezogen auf das Trauma, resultieren. Drei Vermeidungssymptome, wie beispielsweise das Meiden von Personen, Orten und Gedanken sind notwendig. Überregungssymptome sind für Kriterium D erforderlich. Die Symptome im Zusammenhang mit dem Wiedererleben, der Vermeidung und den Überregtheitszuständen müssen länger als einen Monat andauern, um die Diagnose einer PTBS stellen zu können (Kriterium E). Ist der Alltag aufgrund der Störung derart beeinträchtigt, dass unter anderem Aufgaben im sozialen und beruflichen Kontext nicht mehr erfüllt werden können, liegt Kriterium F vor (vgl. Landolt/Hensel, 2008, S. 31 und Biedermann, 2007, S. 23 f.).

Es gibt drei Theorien, die die PTBS erklären, die sozial-kognitive Theorie von Horowitz, Konditionierungstheorien und die kognitiv-neuropsychologische Theorie. Nach der sozial-kognitiven Theorie befindet sich der Betroffene in einem Teufelskreis. Das traumatische Erlebnis strebt danach bearbeitet und verarbeitet werden, indem es versucht, ins Bewusstsein des Betroffenen in Form von Intrusionen zu gelangen. Vermeidungsmechanismen verhindern im Gegenzug die Bearbeitung. Der Betroffene leidet dadurch unter dem Verlust der Selbstkontrolle. In den Konditionierungstheorien wird davon ausgegangen, dass ein traumatisches Ereignis bereits durch eine, aus der traumatischen Situation stammende, Komponente wieder aufleben kann. Die einzelnen Komponenten lösen weitere Vermeidungsstrategien aus. Die kognitiv-neuropsychologische Theorien beschreibt die PTSB als ein sich ausbauendes Angstnetzwerk, das aus Verbindungen zwischen sensorischen, kognitiven, emotionalen und physiologischen Elementen der traumatischen Situation besteht. Reize können eine akute Bedrohung für den Betroffenen darstellen, was mit einer Übergeneralisierung der Gefährlichkeit der Umgebung einhergeht. Negative Bewertungsmuster werden laufend bestätigt (vgl. Biedermann, 2007, S. 26 ff.).

„Eine PTSD tritt häufig komorbid mit anderen psychischen Störungen auf.“ (Biedermann, 2007, S. 24)

Es können Angststörungen, wie zum Beispiel die Agoraphobie, die soziale Phobie oder Panikstörungen auftreten. Darüber hinaus werden affektive Störungen, unter anderem Depressionen, als auch substanzinduzierte Störungen, wie etwa Medikamenten- und Alkoholmissbrauch und Suizidgefährdung, festgestellt.

„Traumatisierte Personen leiden häufig an weiteren psychischen oder Verhaltensauffälligkeiten. Beispielsweise wurde ein Zusammenhang von Traumatisierung und Suchterkrankungen festgestellt, da insbesondere Alkohol und Diazepime Intrusionssymptome dämpfen." (GRÖSCHEN, 2008, S. 37)

Langfristig können sich komplexe Traumafolgestörungen, unter anderem die komplexe PTBS mit dauerhaften Änderungen der Persönlichkeit, entwickeln. Der Zeitpunkt, die Dauer und die Intensität bestimmen den Schweregrad der zugrunde liegenden Störung.

3.3 Kindheitstrauma

In Kriegs- und Krisengebieten werden Kinder als Betroffene, Beobachter und Täter traumatisiert. Bürgerkriege sind durch Menschen verursacht und werden als „men made desasters" bezeichnet. Das Leben von Kindern wird, wie das von Erwachsenen, ständig bedroht. Sie können Gewalt am eigenen Körper durch Folter, Waffeneinwirkung und sexuelle Übergriffe, wie sexuellem Missbrauch und Vergewaltigung, erfahren. Kinder werden gewaltsam von den Familien und der Gemeinschaft getrennt und danach unter anderem versklavt, zwangsrekrutiert oder vertrieben. Sie müssen zum Teil mit ansehen, wie nahe Angehörige umgebracht und gefoltert werden, wie das Gebiet, aus dem sie kommen zerstört oder gar niedergebrannt wird. Kinder, denen es gelingt zu fliehen, werden durch die Entwurzelung schwer traumatisiert und kämpfen mit Hunger, Armut und ihrer Trauer. Gelangen sie in die Hände der Warlords, werden sie zu Gewalttaten gezwungen.

Kindheitstraumata unterteilen sich in Typ-I-Traumata und Typ-II-Traumata. Zu Typ I werden einmalige traumatische Erfahrungen gezählt. Sie werden zum Teil detailgetreu erinnert, bei akuten Traumareaktionen kann die Wahrnehmung verzerrt sein. Komplexe Traumata, die sich über einen längeren Zeitraum erstrecken oder auch Mehrfachtraumatisierungen werden dem Typ II zugeschrieben. Eine längerfristige Traumatisierung kann emotionale Taubheit und ein Gefühl der Entfremdung gegenüber der eigenen Person und der Umwelt auslösen. Ein Abstand zur traumatischen Erfahrung kann auch über Dissoziation oder Verleugnung gewonnen werden. Kindliche Stressbewältigung kann zum Teil über Selbsthypnose erfolgen. Die Auswirkungen bei Typ-II-Traumatisierungen können von extremer Distanzierung, spezifischen Abwehrformen, Wutempfinden bis hin zu Passivität, Abstumpfung, Selbstverstümmelung und Suizid gehen. Die empfangene

Aggression richtet sich nach außen. Typ I und Typ II können auch ineinander übergehen. Dieser Fall tritt ein, wenn die Situationsfaktoren über einen längeren Zeitraum bestehen und währenddessen einzelne Schocktraumata ausgelöst werden. Aus dieser Konstellation resultieren oftmals lang anhaltende Trauerprozesse und Depressionen.

Ob es zu einer Traumatisierung kommt, hängt von den gegebenen Risiko- und Schutzfaktoren ab. Risikofaktoren können Lebensereignisse oder -umstände sein, die, entweder einzeln oder zusammen auftretend, eine Traumatisierung begünstigen. Schutzfaktoren können Risikofaktoren schwächen. Sie korrigieren die Situation, indem sie einen Ausgleich zwischen Risiko und Schutz schaffen. Traumatisierungen werden somit verhindert. Die Be- und Verarbeitung einer traumatischen Erfahrung ist nicht mehr erforderlich. Die traumatische Situation geht somit nicht in die Traumareaktion und den Traumaprozess über (vgl. Fischer/Riedesser, 2003, S. 146 ff und S. 270 ff.).

Kindheitstraumata im Allgemeinen weisen spezifische Charakteristika auf. Das erste Merkmal besteht darin, dass Erinnerungen in Form von Intrusionen in das Bewusstsein gelangen. Das Wiedererleben kann visuell, akustisch, über den Geruchs- oder auch Tastsinn wahrgenommen werden. Im „traumatischen Spiel" versuchen Kinder das Trauma zu verarbeiten, indem sie wiederholt versuchen, die traumatische Erfahrung erneut in Szene zu setzen. Das Spiel und die traumatische Erfahrung können nicht in Beziehung zueinander gesetzt werden. Kinder haben die Fähigkeit, sich eine Phantasiewelt zu kreieren. In dieser Welt bauen sie eine neue Identität und ein dazu passendes Rollenverhalten auf. Dieser Schutzwall dient dazu, nicht mit traumatischen Erinnerungen konfrontiert zu sein. Überschreitet das reale Geschehen gewisse Grenzen, flieht das Kind in den Schutz des eigens geschaffenen Ruheraums.

Ein weiteres Merkmal der Kindheitstraumata liegt im Aufbau traumaspezifischer Ängste, die sich aus der Verbindung der Ängste an die traumatische Situation entwickeln. Ein besonderer Aspekt liegt weiterhin im Übergang der traumatischen Reaktion zum traumatischen Prozess. Das „traumakompensatorische Schema" beinhaltet drei Maßnahmen des Kindes, die eine traumatische Situation unter Kontrolle bringen sollen. Die erste Maßnahme ist, dass sich das Kind mit den Ursachen der traumatischen Erfahrung auseinandersetzt um im Anschluss, als zweite Maßnahme, alles dafür zu tun, eine Wiedergutmachung des Geschehenen zu erzielen. Die dritte Maßnahme lässt das Kind darüber nachdenken, wie eine analoge Erfahrung vermieden werden kann.

Die Kompensationsversuche variieren mit dem Alter und der jeweiligen kognitiven Entwicklungsstufe. Auch bei Kindern wird durch eine Traumatisierung eine Erschütterung des Weltverständnisses verursacht. Scheitern Versuche der Kompensation und der Abwehr sind spezifische Symptome zu beobachten. Folglich verlieren sie ihr Grundvertrauen in andere Menschen und sie bewerten die eigenen Vorstellungen über die Zukunft als negativ (VGL. FISCHER/RIEDESSER, 2003, S. 271 FF. UND BIEDERMANN, 2007, S. 28 F.).

Das basale psychotraumatische Syndrom der Kindheit (bPTBS/Ki) umfasst grundlegende Kriterien der Traumatisierung bei Kindern. Die Symptome sind vergleichbar mit den Symptomen der PTBS bei Erwachsenen. Nach der Traumatisierung ist ein dauerhaftes Arousal (Überregtheitszustand) vorhanden, das übermäßige Schreckreaktionen, motorische Hyperaktivität, Schlafstörungen und Alpträume hervorrufen kann. Das Kind befindet sich in ständiger Bereitschaft, aus der Angst heraus, die Bedrohung wäre noch zugegen. Es ist erregt, in höchster Alarmbereitschaft und bereitet sich auf die Gefahr vor. Weitere Symptome stellen die Intrusionen dar. Die traumatische Erfahrung dringt anhand von Schlüsselreizen zum Bewusstsein durch. Das „Numbing" umfasst Abwehrmechanismen, Vermeidungsstrategien und Dissoziationen und stellt somit weitere Symptome der Störung dar. Im Stressmodell von Hans Selye gibt es drei Stadien (den Alarm, den Widerstand und das Erschöpfungsstadium), denen die spezifischen Symptome der bPTBS/Ki untergeordnet werden können.

„Laut Terr (1985) zeigen Kinder im Allgemeinen weniger Vermeidungsverhalten als Erwachsene, insbesondere im Symptombereich „emotionaler Taubheit" (zitiert in Ronen, 2002)." (BIEDERMANN, 2007, S. 28)

Faktoren der Intensität der bPTBS/Ki sind die Anzahl und das Ausmaß bedrohlicher Ereignisse, die Art der Beobachtungen, die Nähe zum Ort des Geschehens, die Nähe der Beziehung zu den verletzten und getöteten Personen, der Überraschungsmoment und das Ausmaß eigener Verletzungen und Schmerzen.

„Gleichzeitig scheint bei Kindern allerdings ein breites Spektrum von möglichen Reaktionen auf traumatische Erlebnisse vorhanden zu sein." (BIEDERMANN, 2007, S. 28)

Sie finden bessere Möglichkeiten, die traumatische Erfahrung zu kompensieren und besitzen eine bessere Copingfähigkeit (VGL. FISCHER/RIEDESSER, 2003, S. 273 F. UND BIEDERMANN, 2007, S. 28 F.).

Die Traumatisierung eines Kindes kann auf den unterschiedlichsten Entwicklungsstufen eintreten sein, beispielsweise im Kleinkindalter oder im Adoleszenter. Jede Entwicklungsstufe sieht für das Kind spezifische Entwicklungsaufgaben vor, die sich an dem kognitiven Niveau der entsprechenden Altersstufe orientieren. Die realistische Einschätzung von Situationen ist, je nach Entwicklungsstufe, mehr oder weniger begrenzt. Es besteht auch die Möglichkeit, dass die Entwicklung auf einer Stufe stagniert. Das gilt hauptsächlich für Kindheitstraumata Typus II. Einzelne Schocktraumata führen nicht zu einem Stillstand der Entwicklung.

Das Situationsverständnis eines Kindes ist, im Gegensatz zu Erwachsenen, stärker personenbezogen. Das bedeutet, dass das Kind überpersönliche Ausnahmesituationen auf sich bezieht. Die nötige Vorstellungskraft, Ausnahmezustände in ihrer Komplexität zu sehen, ist nicht gegeben. Ein Kind, beispielsweise, das von seinen Eltern freiwillig an Warlords übergeben wird, hat nicht die Fähigkeit, sich vorzustellen, welche Gründe es für diese Entscheidung geben kann. Eine Traumatisierung kann sich über mehrere Entwicklungsstufen erstrecken. Kriegstraumatische Erfahrungen können zur Stagnation der gesunden Entwicklung eines Kindes führen.

Es sind hauptsächlich komplexe Traumata, da sie sich über einen längeren Zeitraum, in diesem Fall einen Bürgerkrieg, erstrecken. Gleichartige traumatische Erfahrungen orientieren sich an dem ursprünglichen Traumaschema und passen sich ihm an. Die Anzahl von Risiko- und Situationsfaktoren kann nicht durch Protektionsfaktoren ausgeglichen werden. Ob als Opfer, Beobachter oder Täter ist ein Kind gezwungen, sich mit den Umständen zu arrangieren. Der Überlebensmechanismus ist aktiviert. Das Kind versucht, sich selbst zu retten. Die Traumatisierung bewirkt, dass kindliche Allmachtsphantasien zerstört werden, die zur Desillusionierung führen. Das Selbst- und Weltverständnis, das sich noch im Aufbau befindet, wird zerrüttet. Die Lücken müssen aufgrund der unmittelbaren Bedrohung gefüllt werden. Das Kind sieht sich in der Pflicht, sich nun umgekehrt seiner Umgebung anzupassen. Verletzungen, Schmerzen, Entstellungen erzeugen eine ständige Sehnsucht zum unverletzten Zustand. Die Realität von Verletzungen oder Behinderungen ist in ein neues Selbstbild zu integrieren.

3.4 Vergewaltigungstrauma

Die Vergewaltigung ist ein Gewaltakt, der die sexuelle Intimität einer Person verletzt. Die erste Folgeerscheinung dieser traumatischen Erfahrung ist der so genannte Ausstoßreflex. Symptome können Erbrechen oder Waschrituale sein. Das Opfer versucht, sich der ihm gewaltsam zugefügten Fremdkörper zu entziehen. Zu den physischen Folgen einer Vergewaltigung gehören unter anderem Geschlechtskrankheiten, Schwangerschaft, Frakturen und/oder Verletzungen im Intimbereich und der inneren Organe. Psychische Folgen zeigen sich zunächst in einer traumaverzerrten Vermeidungsreaktion hinsichtlich der Themen Sexualität, Partnerschaft, soziale Beziehungen und Männer allgemein, indem sich der Rahmen für diese Themen mit der Zeit als immer kleiner erweist. Intrusionen, flashbacks und Schlüsselreize des traumatischen Erlebnisses erzeugen einen inneren Stress, der im traumatischen Prozess die Intensivierung der Symptome aufweist. Hinzu kommen Ängste, Phobien, sexuelle Störungen, Essstörungen, psychosomatische und psychogene Beschwerden, die zu den Langzeitfolgen einer Vergewaltigung zählen. Die Opfer ziehen sich in eine so genannte „Pseudonormalität" zurück, in der sie versuchen, das zerrüttete Selbst- und Weltbild zu rekonstruieren. Psychische Folgen einer Vergewaltigung sind häufig komplexe PTBS sowie Viktimisierungsstörungen (VGL. FISCHER/RIEDESSER, 2003, S. 281 FF. UND 317 FF.).

3.5 Traumadiagnostik und Traumatherapie von ehemaligen Kindersoldat(inn)en

Die Traumadiagnostik stützt sich bei der Erfassung von posttraumatischen Störungen unter anderem auf die klinisch-psychologische Diagnostik im Jugendalter sowie das „heuristische Schema", das dem Erfahrungsaustausch zwischen dem Therapeuten und dem traumatisierten Kind oder Jugendlichen dient. Der diagnostische Prozess unterteilt sich in die Phasen Entwicklungsanamnese, Abklärung der familiären und sozialen Umstände, allgemeine Verhaltens- und Psychodiagnostik und traumaspezifische Diagniostik. Die Voraussetzungen für die Traumatherapie bilden detaillierte Entwicklungs- und Störungsanamnesen. Die zur Verfügung stehenden Ressourcen und Störungsfaktoren müssen als erstes erfasst werden. Im zweiten Schritt werden die äußeren Bedingungen, wie beispielsweise das familiäre und soziale Umfeld des Kindes, abgeklärt. Der Entwicklungsstand des Kindes wird auf der kognitiven, psychosozialen und der Verhaltensebene im dritten Schritt geprüft. Erst im letzten Schritt, der Traumaanamnese, wird versucht, die subjektive Wahrnehmung der traumatischen Erfahrung zu entschlüsseln. Sie ist Grundlage des diagnostischen Prozesses. Die Anzahl und Schwere der traumatischen Erfahrung, die Nähe zum Geschehen, der Überraschungsmoment, die Art der Beobachtungen, die Beziehung zu den verletzten oder getöteten Personen als auch das Ausmaß der erlebten Schmerzen und körperlichen Verletzungen des Kindes oder Jugendlichen sind wichtige Diagnosekriterien. In dieser Phase ist zusätzlich von Bedeutung, Fakten und Informationen über die äußeren Umstände, die zur Traumatisierung geführt haben, präsent zu haben (VGL. FISCHER/RIEDESSER, 2003, S. 314).

„Der Child Posttraumatic Stress Disorder Reaction Index ... ist das schon am längsten und am weitesten verbreitete Verfahren zur Erfassung posttraumatischer Symptome." (LANDOLT/HENSEL, 2008, S. 36)

Für die Erfassung der großen Anzahl möglicher Symptome einer bPTBS/Ki ist weiterhin die „Impact of Event Scale" hilfreich. Sie kann dazu beitragen, eine Traumatisierung zu erkennen und den Verlauf einer Behandlung mitbestimmen. Anhand eines Fragebogens wird die Intensität und Häufigkeit der auftretenden Gefühle, die in Bezug zur traumatischen Erfahrung stehen, festgehalten. Die „Impact of Event Scale" trägt dazu bei, die Schwere des Traumas zu diagnostizieren. Für Kinder und Jugendliche wurde ein spezieller Fragebogen entwickelt.

Ein weiteres diagnostisches Arbeitsmittel ist die „Posttraumatic Symptom Scale". Sie überprüft, auch in Form eines Fragebogens, die Häufigkeit spezieller Symptome, wie die der Intrusionen, Arousal und Vermeidung. Auch hier ist das Ziel, die Schwere des Traumas zu ermitteln. Für die Diagnose einer bPTBS/Ki werden zudem die Kriterien zur Diagnose einer PTBS bei Erwachsenen herangezogen, die sich aus dem „Diagnostischen und Statistischen Manual psychischer Störungen" (DSM) der American Psychatric Association ergibt. Gleichermaßen wird hier mit Hilfe von speziellen Fragestellungen der Schweregrad der Traumatisierung festgestellt.

Spezielle diagnostische Instrumente für die Diagnose von Kriegstraumata bei Kindern sind das „Harvard Trauma Questionnaire", kurz HTQ und der „Child Report of Posttraumatic Symptoms" (CROPS). Der HTQ bezieht sich im Besonderen auf Traumatisierungen durch Krieg und Flucht. Dieser Fragebogen eröffnet die Möglichkeit, die

Symptome als auch die traumatischen Situationen aufzudecken. Der CROPS ist ein Verfahren zur Selbsteinschätzung, das speziell auf Kinder ausgerichtet ist.

Diagnostische Interviews und die Fragebogenverfahren reichen in vielen Fällen nicht aus, ein Krankheitsbild umfänglich zu erkennen. Gründe hierfür können unter anderem sein, dass die traumatische Erfahrung bereits sehr lang zurückliegt, die Störung zusammen mit anderen Krankheiten auftritt oder auch Persönlichkeitsstörungen vorliegen. Dissoziations- und Fragmentierungsprozesse, die Hier-und-Jetzt-Qualität traumatischer Erinnerungen sowie das Unvermögen, traumatische Erfahrungen in Worte zu fassen, erschweren es, an die traumatische Erfahrung heranzukommen und demzufolge eine Störung zu erfassen (vgl. Landolt/Hensel, 2008, S. 34 f., Gröschen, 2008, S. 41 ff und Biedermann, 2007, S. 23 f.).

3.5.1 Traumatherapie

Die Traumatherapie verläuft in drei Phasen: die Stabilisierung, die Traumabearbeitung und die Integration. Bevor die Behandlung einsetzt, sind Diagnosen gestellt und spezifische Symptombilder bekannt. Zu Beginn der Therapie ist es von Bedeutung, dass der Therapeut dem Kind gegenüber Einfühlungsvermögen und Verständnis, die Situation als auch die Traumawirkungen betreffend, vermittelt.

„*So ist der Aufbau eines sicheren und tragfähigen Arbeitsbündnisses das vorrangige Ziel zu Beginn der Therapie.*“ (Fischer/Riedesser, 2003, S. 221)

Die Aufgabe besteht darin, dass das Kind ein Gefühl der Sicherheit im Gespräch als auch in den zur Verfügung stehenden Räumlichkeiten erfährt. In der Stabilisierungsphase wird der Schutz des Kindes sichergestellt. Der Therapeut vergewissert sich, dass Täterkontakt oder andere Gefahren von außen ausgeschlossen sind. Gelingt es nicht, das Umfeld des Kindes abzusichern, kann eine traumatherapeutische Behandlung nicht stattfinden. Andere stabilisierende Maßnahmen sind zu ergreifen, wie zum Beispiel die psychoziale Betreuung des Kindes.

Der nächste Schritt besteht in der Überprüfung der körperlichen und geistigen Konstitution des Kindes, inwieweit es in der Lage ist, eine Therapie durchzustehen und ob es sich in der therapeutischen Umgebung sicher fühlt. Stützende Ressourcen aus dem sozialen Umfeld des Kindes werden, wenn gegeben, miteinbezogen. Dazu gehören Personen aus der Verwandtschaft, dem Freundeskreis und der Nachbarschaft.

„Die soziale Unterstützung stellt einen besonderen Schutzfaktor dar." (BIEDERMANN, 2007, S. 29)

Die individuellen Fähigkeiten und Fertigkeiten des Kindes sind zu identifizieren und als Ressourcen in den Therapieverlauf einzubeziehen. Zu den Stabilisierungstechniken zählen unter anderem Distanzierungstechniken aber auch pharmakologische Interventionen. Um das Kind auf die Traumabearbeitungsphase vorzubereiten, ist es bedeutsam, während der Stabilisierung keine Dissoziationen und Intrusionen hervorzurufen beziehungsweise sie zu verhindern. Hilfsmittel können Techniken aus imaginativen, ressourcen-orientierten, körperorientierten und verhaltensorientierten Bereichen bieten. Die Traumabearbeitung wird auf die individuellen Verhaltensweisen und den kognitiven Entwicklungsstand des Kindes abgestimmt.

„Ohne direkte Thematisierung des Traumas im geschützten Rahmen der Therapie ist keine erfolgreiche Behandlung möglich." (LANDOLT/HENSEL, 2008, S. 22)

Interventionsfelder werden nacheinander beleuchtet, wie beispielsweise das soziale Umfeld, traumabezogene Bewertungen und schädliche Bewältigungsstrategien. Es gibt unterschiedliche Herangehensweisen für die Konfrontation mit dem beziehunsgweise den traumatischen Ereignis(sen) in Form von speziellen Therapieverfahren. Traumatische Erinnerungen haben die Eigenschaften, vom Bewusstsein abgespalten und isoliert oder fragmentiert zu werden. Fragmentierung bedeutet, dass die Erinnerungen einzeln, in Puzzleteilen infolge der Dissoziation, unwillkürlich in das Bewusstsein gelangen und sie somit nicht versprachlicht werden können. Dieses Merkmal wird auch als „speechless terror" bezeichnet, da Betroffene einem, in einzelnen Bildern erlebten, Panikzustand ausgeliefert sind. Sie besitzen zudem die Eigenschaft, ein Hier-und-Jetzt-Gefühl entstehen zu lassen, womit gemeint ist, dass Vergangenheit und Zukunft nicht mehr unterschieden werden können. Der Gefahr einer Retraumatisierung ist in dieser Phase vorzubeugen, indem unter anderem Ablenkungsstrategien als auch Distanzierungstechniken eingesetzt werden.

„Gefühlsausbrüche sollte der Helfer als Coping-Verhalten positiv aufgreifen und Ausdruck von expressivem einfühlsam begleiten." (FISCHER/RIESESSER, 2003, S. 202)

„Abwehrmechanismen müssen in der akuten Phase immer respektiert werden, da sie einen unverzichtbaren Selbstschutzversuch darstellen." (FISCHER/RIEDESSER, 2003, S. 202)

In der Integrationsphase wird versucht, das Trauma in die Biografie des Kindes einzufügen. Das Kind wird dabei unterstützt, sich neu zu orientieren, Verluste anzunehmen und neue Ziele und Perspektiven zu entwickeln (VGL. FISCHER/RIESESSER, 2003, S. 194 FF., GRÖSCHEN, 2008, S. 67 F., LANDOLT/HENSEL, 2008, S. 20 F.).

Die Therapiearbeit mit Vergewaltigungsopfern erfolgt auch in den drei Phasen der Stabilisierung, Bearbeitung und Integration. Die Besonderheit besteht darin, dass der Gewaltakt gegen die Frau Auswirkungen auf die verschiedenen Beziehungsdimensionen hat. Die therapeutische Arbeit konzentriert sich in jeder Phase darauf, die Ressourcen der Frau zu erkennen und zu verstärken. In der Stabilisierungsphase wird der Bezug zum eigenen Körper thematisiert. Die körperzentrierte Arbeit bewirkt, dass das Opfer seinen Körper wieder schätzen und lieben lernt. In der Traumabearbeitungsphase wird versucht, sich dosiert der traumatischen Erfahrung zu nähern. Negativ behaftete Emotionen können beim Wiedererleben intensiver erlebt werden als in der traumatischen Situation selbst. Die Integration des Traumas umfasst den Wiederaufbau des Selbst- und Weltbildes im Hinblick auf die Geschlechterbeziehung und die eigene psychosexuelle Identifikation (VGL. FISCHER/RIEDESSER, 2003, S. 323 F.).

3.5.2 Therapieformen

Die kognitiv-behaviorale Therapie umfasst Konfrontationsverfahren, Verfahren zur Angstbewältigung und kognitive Psychotherapie-Techniken. Im Konfrontationsverfahren werden Reizüberflutungstechniken angewendet, die in abgeschwächter oder auch gestufter Form durchgeführt werden. Die Angstbewältigung findet in Form neu entwickelter Strategien statt. Um das Arousal unter Kontrolle zu bringen, werden Entspannungs- Ablenkungs- und Stressbewältigungstechniken eingeführt. Zu den kognitiven Verfahren zählen Techniken, die unter anderem die Versprachlichung des Geschehenen ermöglichen und zur Rekonstruktion beitragen (VGL. GRÖSCHEN, 2008, S. 70 F. UND LANDOLT/HENSEL, 2008, S. 43 FF.).

Die Psychodynamisch Imaginative Traumatherapie, kurz PITT, weist spezielle Techniken im Bereich der imaginären Bewältigung von traumatischen Erfahrungen auf. Zunächst werden innere Schutzräume geschaffen. Das Kind weiß, dass es in diesem Raum sicher ist. Im späteren Verlauf kann es die traumatische Erfahrung als Beobachter erinnern und sich, nach eigener Bestimmung des Zeitpunkts, dazu mitteilen. Die PITT arbeitet stark ressourcenorientiert, vor allem unter Einbezug des sozialen Umfelds. Ziele sind, eine innere als auch äußere Sicherheit herzustellen, die Wiedergewinnung des Vertrauens in sich selbst und die Welt, die Entwicklung von Stressresistenzen und Ablenkungsstrategien sowie die Differenzierung von Vergangenheit und Gegenwart (VGL. GRÖSCHEN, 2008, S. 72 F. UND LANDOLT/HENSEL, 2008,S.135FF.).

Die Mehrdimensionale Psychodynamische Traumatherapie für Kinder und Jugendliche, kurz MPTT-KJ, orientiert sich am Verlaufsmodell psychischer Traumatisierung. Diese Therapieform charakterisiert unter anderem, dass Symptome als Selbstheilungsversuche gewertet werden.

Verhaltenstherapeutische Techniken werden angewandt, um dem Kind das eigene, durch die Traumatisierung verzerrte Verhalten aufzuzeigen und im Folgenden daran zu arbeiten, wie neue Verhaltensmuster eingeführt werden können. Die Bearbeitung des Traumas umfasst, wodurch es entstanden ist, wie das Trauma geheilt werden kann und was man tun kann, dass ein zukünftiges Trauma verhindert wird (VGL. LANDOLT/HENSEL, 2008, S. 164 FF. UND GRÖSCHEN 2008, S. 70 F.).

Für die In der Therapieform Eye Movement Desensitization and Reprocessing (EMDR) ist spezifisch, dass der Selbstheilungsprozess über die Abarbeitung einzelner Elemente der traumatischen Situation über eine Traumalandkarte aktiviert wird. Mit Hilfe der bilateralen Stimulation der Augenbewegungen wird eine konstruktive Betrachtungsweise des traumatischen Ereignisses möglich. Die Gewinnung neuer Informationen ist Teil des Bearbeitungsprozesses. Ist die Belastung während der Stimulierung zu schmerzhaft, wird das Kind in seine Ausgangposition zurückversetzt (VGL. LANDOLT/HENSEL, 2008, S. 61 FF. UND GRÖSCHEN 2008, S. 77 F.).

Die Narrative Expositionstherapie für Kinder (KIDNET) ist auf multiple und komplexe Traumatisierungen ausgerichtet. Sie hat sich speziell für Menschen aus Kriegs- und Krisengebieten bewährt, denen kurzfristig geholfen werden musste. Die zu verarbeiteten Traumata ergeben sich während der Therapie. Ziel ist es, die Biografie des Kindes in eine chronologische Reihenfolge zu bringen und verdrängte Situationen wieder ins Gedächtnis zu rufen. Dies geschieht unter anderem über das imaginative Wiedererleben. Das Kind positioniert sich außerhalb der traumatischen Erfahrung. Über die Distanzierung zum Trauma wird es möglich, über das Geschehene zu sprechen und es demzufolge zu be- und verarbeiten (VGL. LANDOLT/HENSEL, 2008, S. 84 FF.).

Die Gruppenpsychotherapie mit (kriegs-)traumatisierten Kindern und Jugendlichen hat zum Ziel, Kinder und Jugendliche aus Kriegs-

und Krisengebieten dahingehend zu unterstützen, kriegsbedingte Traumata zu heilen und ihre persönliche Entwicklung voranzubringen. Im Gruppenprozess finden die Phasen der Stabilisierung, der Bearbeitung und der Integration der Traumata statt. Neben speziellen Gesprächstechniken gibt es weitere Techniken, um die Rahmenbedingungen für Vertrauensbildung und die Traumabearbeitungsphasen zu schaffen. Körperorientierte Aktivitäten, Phantasiereisen, Zeichnungen und der Einsatz von Spielen sind therapeutische Interventionsmittel (VGL. LANDOLT/HENSEL, 2008, S. 201 FF.).

Therapieformen, wie die traumazentrierten Spieltherapien, hypnotherapeutische Methoden und die Pharmakotherapien können zusätzlich oder separat hinzugezogen werden. Bei Opfern von Vergewaltigungen ist eine Traumatherapie in Form einer Psychotherapie zu empfehlen. Ziel dieser Therapie ist die Aufarbeitung des Konflikts zwischen der psychosexuellen Selbstidentifikation der Frau und der Geschlechterbeziehung. Die Psychotherapie hat zum Ziel, das Selbst- und Weltverständnis des Opfers über Differenzierungslernen zu rekonstruieren.

Die Aufgabe der Traumatherapie mit traumatisierten Kindern und Jugendlichen besteht darin, dem Kind oder dem Jugendlichen zu seiner altersgemäßen Entwicklungsstufe mit den jeweils spezifischen Entwicklungsaufgaben zu verhelfen.

„Ganz gleich, wie ihre Situation ist, ob als Mitglied einer funktionierenden Familie oder Kämpfer in einer bewaffneten Gruppe, sie setzen ihre geistige, physische, emotionale und soziale Entwicklung fort." (BRETT/MCCALLIN, 2001, S. 117)

Die kognitiven, altersspezifischen Fähigkeiten sind sowohl bei der Traumadiagnostik als auch in den Phasen des Therapieverlaufs zu berücksichtigen. In der Traumatherapie wird zielgerichtet daran gearbeitet, dass das Kind beziehungsweise der Jugendliche das Vertrauen in das eigene Selbstbild und Weltbild sowie in die Welt der Erwachsenen zurückgewinnt und sich ein Gefühl der Kontrolle über die Umwelt entwickelt. Speziell bei Kindern kann mit bestimmten Interventionstechniken, wie dem traumatischen Spiel, ein Therapieschritt an die kindliche Phantasie- und Vorstellungswelt anknüpfen mit dem Ziel, dass traumakompensatorische Strategien entwickelt werden. Elemente vor dem Eintritt der traumatischen Erfahrung können in der Phantasiewelt abgeändert werden und somit den traumatischen Handlungsablauf, der mit dem eigenen lebensbedrohlichen Ereignis oder dem anderer Personen einher ging, verändern beziehungsweise ungeschehen machen. Die Therapie sieht vor, Erinnerungslücken in der Biografie eines Kindes oder Jugendlichen zu schließen, um unter anderem dem Kind dazu zu verhelfen, sich selbst wieder schätzen und lieben zu lernen als auch das Geschehene zu akzeptieren und in den Lebensentwurf zu integrieren.

„Denn erst wenn Selbstvertrauen und Selbstverantwortung sich entwickelt haben, kann eine Umarbeitung und Weiterverarbeitung des Traumas begonnen werden.“ (BÜTTNER/MEHL/SCHLAFFER/NAUCK, 2004,S. 183)

Interventionen seitens des Therapeuten werden zielgerichtet eingesetzt, um positive prätraumatische Beziehungserfahrungen im Therapieverlauf zu erinnern und mit dem weiteren Therapieverlauf zu verknüpfen.

„... durch den bewussten Abschied, was vor dem traumatischen Ereignis war, kann die verloren gegangene Grenze zwischen Innen- und Außenwelt hergestellt werden.“ (Büttner/Mehl/Schlaffer/Nauck, 2004, S. 183)

Kinder und Jugendliche erlernen in der Therapie, fördernde und weniger fördernde Beziehungsangebote zu differenzieren, um der Isolation zu begegnen und neue soziale Bindungen einzugehen. Zum Ende der Therapie wird das Kind oder der Jugendliche darin unterstützt, sich neue Perspektiven für die Zukunft schaffen und den Lebensalltag selbstbestimmt zu gestalten (VGL. BÜTTNER/MEHL/SCHLAFFER/NAUCK, 2004, S. 183 FF., BRETT/MCCALLIN, 2001, S. 116 F. UND FISCHER/RIESESSER, 2003, S. 276 FF.).

3.5.3 Grundlagen der Traumatherapie mit ehemaligen Kindersoldat(inn)en

Der nächste Abschnitt wird sich auf die grundsätzlichen Anforderungen an die therapeutische Arbeit mit traumatisierten ehemaligen Kindersoldaten beziehen. Es werden Kriterien benannt, die die Qualität der Therapie bestimmen.

Der Therapeut ist angehalten, sich nicht von der „blaming-the-victim-solution“ (Opferbeschuldigung) einnehmen zu lassen. Kindersoldaten werden von der sozialen Umgebung für das Unheil, das der Bürgerkrieg mit sich gebracht hat, zu Mitverantwortlichen gemacht. Die Bevölkerung entwickelt aus der Not heraus eine Art Abwehrstrategie, da es schwer fällt, das Geschehen objektiv zu betrachten. Als „Täuschungseffekt der Retrospektive“ wird der Prozess bezeichnet, zu erfahren, dass einen Situation eingetreten ist und im Nachhinein als vorhersehbar eingestuft wird. Ein Beispiel hierfür ist die Entlassung der Kindersoldaten. Sie fallen der Stigmatisierung zum Opfer, da die

Bevölkerung unter anderem die Meinung vertritt, dass sie hätten wissen müssen, was für ein Unrecht und Unheil sie angerichtet haben. Kindersoldaten rufen Erinnerungen, unter anderem auch traumatische Erinnerungen, an das Kriegsgeschehen hervor. Die Gesellschaft entwickelt demzufolge eine Abwehrstrategie gegen die Wiederkehr traumatischer Erfahrungen sowie gegen das wieder aufkommende Gefühl des Bedrohtseins.

„Denn wenn das Ereignis vorhersehbar war, so ist es prinzipiell auch kontrollierbar …“ (Fischer/Riedesser, 2003, S. 196)

Die Gesellschaft kann mit Hilfe der Strategie ein Überlegenheitsgefühl kreieren und somit in der Illusion leben, sich in Sicherheit zu wiegen. Die Stigmatisierung ist hilfreich, um Thematiken, die die Rückkehr der Kindersoldaten bewirkt, zu tabuisieren. Die „repräsentative Opferhaltung“ wirft im Umkehrschluss den Aspekt der Mitverantwortung der Gesellschaft auf, dass Kinder im Kampf eingesetzt werden. Die gemeinschaftliche Überzeugung, dass Kindersoldaten mit schuldig am Elend seien, blendet die Thematik der Mitverantwortung der Gemeinschaft aus.

„Dies geschieht besonders leicht in Kulturen, die eine autoritäre Erziehungstradition pflegen.“ (Fischer/Riedesser, 2003. S. 199)

Elterliches und gesellschaftliches Versagen dürfen nicht zur Debatte stehen. Demzufolge wird Partei gegen die Kinder ergriffen, um eine existenzielle Haltung zu wahren und Hindernissen im Lebensentwurf vorzubeugen. Der Täuschungseffekt hat zur Folge, dass ehemalige Kindersoldaten Selbstvorwürfen ausgesetzt sind, die mit den Vorwürfen über eigenes Versagen, Naivität und Leichtsinnigkeit einhergehen. Sie nehmen die Ansicht der anderen an, dass alles vorhersehbar war. Der Therapeut steht vor der Aufgabe, sich nicht der Meinung aller anzuschließen und Handlungen zu vermeiden, die seinem Weltbild entsprechen, wenn er selbst unangenehme Erfahrungen in Zusammenhang mit Kindersoldaten gemacht hat. Er hat die sich im Therapieverlauf ergebenden Möglichkeiten zu nutzen, dem ehemaligen Kindersoldaten unterstützend zur Seite zu stehen und den Trugschluss, das Kind sei schuld und hätte versagt, zu korrigieren. Abwehrhaltungen seitens des Therapeuten sind zu reflektieren. Die Therapie ist gefährdet, wenn er sich nicht parteilich und solidarisch seinem Patienten gegenüber verhält. Er hat den ehemaligen Kindersoldaten als Täter und Opfer zu akzeptieren und zu respektieren. Beide Aspekte sind im Therapieverlauf zu bearbeiten. Der Gesamtkontext ist vom Therapeuten zu beachten. Die Ursachen und Hintergründe müssen ganzheitlich und mehrdimensional präsent sein, da die Problemlagen und Symptome des Kindes häufig komplex sind. Soziale und ökonomische Probleme im Umfeld sind mit zu berücksichtigen. Der Therapeut ist zudem angehalten, sich nicht auf Neutralitätslösungen zu berufen. Er steuert andernfalls der Gefahr entgegen, eine neutrale Position zu beziehen und sich dem Konflikt, den ehemalige Kindersoldaten und die Gemeinschaft austragen, zu entziehen. Therapeutische Fachkräfte mit der Aufgabe, ehemalige Kindersoldaten zu therapieren, sind in der Pflicht, objektiv zu arbeiten. Therapeuten und Helfer sind aufgefordert, sich voll und ganz für die von ihnen betreuten ehemaligen Kindersoldaten einzusetzen und sie wertzuschätzen.

Eine weitere Anforderung für die Therapiearbeit mit Kindersoldaten ist das Wissen darüber, dass die Kinder häufig aus unterschiedlichen Ethnien stammen und mit unterschiedlichen Sprachen aufgewachsen sind. Die therapeutische Arbeit hat sich auf kulturelle sowie transkulturelle Unterschiede und Besonderheiten einzustellen und Sprachbarrieren zu überwinden. Des Weiteren sind die Prinzipien des Relativismus, des Absolutismus und des Universalismus anzuerkennen und zu berücksichtigen. Relativismus in der Arbeit mit kriegstraumatisierten Kindern meint, kulturelle Unterschiede und spezifische Maßstäbe einer Kultur nicht zu bewerten. Dieses Prinzip ist von internationalen Hilfsorganisationen, deren therapeutische Fachkräfte an der Endtraumatisierung von Kindern arbeiten, zu beachten. Das Prinzip des Absolutismus beinhaltet, dass sich an den innerhalb einer Kultur aufgestellten Regeln und Werten zu orientieren ist. Eine Folgerung aus diesem Prinzip für die therapeutische Arbeit mit Kindersoldaten ist beispielsweise, das Unwissen der Gesellschaft in Bezug darauf, dass Kindersoldaten traumatisiert sind und daraus Krankheitsbilder wie bPTBS/Ki resultieren, anzuerkennen und zu akzeptieren. Universalismus bedeutet, dass psychologische Phänomene, wie die bPTBS/Ki, als allgemeingültig angenommen werden, die Ausprägung von Kultur zu Kultur variieren kann (Gröschen, 2008, S. 88 ff, Fischer/Riedesser, 2003, S. 194 ff und Landolt/Hensel, 2008, S. 26 f.).

4. Der Reintegrationsprozess

Maßnahmen der Demobilisierung, Rehabilitation und Reintegration sind nicht getrennt voneinander durchführbar. Sie bauen aufeinander auf und greifen ineinander über. Die Projekte sind miteinander zu verknüpfen und gemeinsam zu koordinieren. Zu berücksichtigen sind soziale, politische und kulturelle Realitäten der jeweiligen Gesellschaft.

4.1 Demobilisierung

Der Prozess der Demobilisierung umfasst die Entlassung und Entwaffnung von Kindersoldaten und ist der erste Schritt in Richtung Rehabilitation und Reintegration.

Es gibt offizielle und inoffizielle Demobilisierungsprogramme, die von Übergangsregierungen, den Vereinten Nationen, nationalen und internationalen Hilfsorganisationen, von den Armeen selbst oder durch zivile Interessengruppen durchgeführt werden. Entlassungsprogramme stellen unerwünschte Verpflichtungen dar und werden von den Kriegsparteien als unangenehm empfunden. Regierungsarmeen entlassen Kindersoldaten häufig, indem ihnen als Druckmittel das unterzeichnete und damit ratifizierte Dokument der UN-Kinderrechtskonvention vorgelegt wird. Demobilisierungsprogramme erstrecken sich oft über einen langen Zeitraum. Die Teilnahme von Kindern in bewaffneten Konflikten wird abgestritten oder es wird sich nicht dazu geäußert. Die Anzahl der zu entlassenden Kindersoldaten, die Art und Weise der Durchführung beruhen auf Verhandlungen. Eine zusätzliche Erschwernis besteht angesichts der fehlenden Geburtsdokumente oder durch nicht geführte Rekrutenlisten. Die Namen und das Alter der Kinder sind häufig nicht ermittelbar, was die Möglichkeiten ihrer Entlassung stark begrenzt. Es ist notwendig, Demobilisierungsmaßnahmen so vorzubereiten, dass die Kriegsteilnahme von Kindern grundsätzlich anerkannt wird. Diese Bedingung ist erforderlich, um die Akzeptanz dafür zu schaffen, dass die Rekrutierung ein Verstoß gegen die Rechte der Kinder bedeutet und Auswirkungen auf die Entwicklung von Kindern hat.

„Und sie haben das Recht auf Demobilisierung (...) und zwar unabhängig davon, ob die Regierung und die Rebellen in der Lage sind, ein Friedensabkommen zu unterschreiben." (Büttner/Mehl/Schlaffer/Nauck, 2004, S. 101)

Es ist erforderlich, Demobilisierungsprogramme so auszurichten, dass die Entwaffnung und die Entlassung von Kindersoldaten vor einem Friedensabkommen möglich werden. Die bis dato internationalen Instrumente zur Wahrung der Rechte des Kindes, wie die Genfer Konventionen, die UN-Kinderrechtskonvention und internationale Völkerrechtsbestimmungen, müssen Mittel und Wege finden, präventive Maßnahmen zu entwickeln, damit der Rekrutierung von Kindern Einhalt geboten werden kann. Demobilisierungs-, Rehabilitations- und Reintegrationsmaßnahmen haben sich der Situation und den speziellen Bedürfnissen von Kindersoldaten anzugleichen. Die Erstellung spezifischer Hilfepläne ist erforderlich, um den komplexen Problemen und Risiken zu begegnen, die mit der Entlassung aufkommen und die Rehabilitation und Reintegration negativ beeinflussen.

Oftmals werden Kindersoldat(inn)en, die in nichtstaatlichen Gruppierungen aktiv waren, ausschließlich als Feind und Täter behandelt. Sie werden von Regierungsarmeen nicht als Kinder und Opfer gesehen, erhalten nicht die notwendigen Rehabilitations- und Reintegrationsprogramme und werden entgegen der vertraglichen Grundlagen zur Jugendgerichtsbarkeit verhaftet. Nicht selten sind sie weiteren Gewalttaten, wie Folter und Misshandlungen, ausgeliefert (VGL. BRETT/MCCALLIN, 2001 S. 105 FF. UND BÜTTNER/MEHL/SCHLAFFER/NAUCK, 2004, S. 69 FF., S. 101 FF.).

4.2 Rehabilitation

Im Rehabilitationsprozess hat das körperliche und emotionale Wohlergehen des entlassenen Kindersoldaten Vorrang vor allen danach folgenden Maßnahmen. Die körperlichen Verletzungen, Behinderungen, HIV-Infektionen, als auch körperliche Abhängigkeiten sind vordergründig zu behandeln. Die Kinder leiden unter anderem an Unterernährung, Atemwegsinfektionen, Geschlechtskrankheiten und Durchfallerkrankungen. Kriegswunden wurden zum Teil nicht medizinisch versorgt und haben sich infiziert.

„... das schlechte Trinkwasser, die mangelnden hygienischen Bedingungen und die fehlende Basisversorgung führen zu Krankheiten.“ (BRETT/MCCALLIN, 2001, S. 138)

Die Kinder sind zum Teil alkohol- und drogenabhängig, da Alkohol, Diazepime, Tranquilizer und Amphetamime als leistungssteigernde Mittel in Kampfeinsätzen und zur Dämpfung von Intrusionssymptomen eingesetzt und verabreicht werden. Hier kommen der Entzug und medizinische, gegebenenfalls pharmakologische, Behandlungen in Betracht. Die körperliche Genesung ist eine Voraussetzung, therapeutische Maßnahmen in Bezug auf Kindheitstraumata, anzugehen.

Nachdem die ernsthaften körperlichen Symptome behandelt sind, können psychische Symptome diagnostiziert und behandelt werden.

Die Sicherung des sozialen Umfeldes und eine schützende therapeutische Umgebung werden hergestellt. Wiederholte Befragungen über Ereignisse im Leben des Kindes sind zu unterbinden, um einer etwaigen Retraumatisierung vorzubeugen und die Identität als „Killer" nicht zu unterstreichen. Folglich wird entschieden, welche Therapieform, das Alter, die kognitiven Fähigkeiten, das Verhalten, den Gender-Aspekt, die Aufenthaltsdauer und Entwicklungsrückstände berücksichtigend, geeignet ist. Die Therapie kann sich als schwierig erweisen in Hinblick darauf, dass ein Kind zum zweiten Mal die Orientierung verliert. Die Rekrutierung und die damit verbundene Trennung von der Familie als auch die Entlassung sind einschneidende Erlebnisse, in denen sich das Kind neu zurechtfinden muss und zunächst Abwehr und Aggressivität auftreten.

„Wir waren unglücklich, vermissten unsere Gewehre und unsere Drogen." (Beah, 2008, S. 162)

Mit dem gewaltsamen Umgang von Problemen ist zu rechnen. Im Therapieverlauf kämpft das Kind zudem mit geringer Selbstachtung und Schuldgefühlen. Sie werden von der Gesellschaft zu Mitverantwortlichen des Kriegsgeschehens gemacht und daraus resultierend ausgegrenzt. Bereits bei der Planung der Maßnahmen für die Demobilisierung ist darauf hinzuarbeiten, dass der Einsatz von Kindern in bewaffneten Konflikten anerkannt wird und sie als solche Opfer des Krieges wurden. Diese Bedingung muss erfüllt sein, um für den Therapieverlauf die Präsenz in und die Akzeptanz aus der Gemeinschaft als fördernde Ressource zu nutzen. Die Komplexität der Situation von Kindern ist von der Allgemeinheit anzuerkennen, um den Therapieverlauf zu unterstützen. Rehabilitationsprojekte sind so zu konzipieren, eine, für die Programme angemessene, Anzahl von Kindern aufzunehmen und zu betreuen, um sie bestmöglich zu unterstützen. Es ist weiterhin zu berücksichtigen, ob das Kind auf verschiedenen Seiten gekämpft hat, und, daraus folgernd, ist zu überlegen, sie in einem separaten oder in dem gleichen Programm zu rehabilitieren (vgl. Beah, 2008, S. 162 ff., Brett/McCallin, 2001, S. 116ff., Büttner/Mehl/Schlaffer, Nauck, 2004, S. 73).

4.3 Soziale Reintegration

Die UN-Kinderrechtskonvention fungiert als Wegweiser der Abfolge von Integrationsmaßnahmen, die bei der Wiedereingliederung ehemaliger Kindersoldaten als notwendig erachtet werden. Sie legen unter anderem fest, dass Psychologen, Ausbilder, Eltern und andere als Anwälte der Kinder tätig werden müssen.

4.3.1 Familienzusammenführung

Gemäß UN-Kinderrechtskonvention, Artikel 12, Berücksichtigung des Kindeswillens, ist den Bedürfnissen der Kinder, hinsichtlich ihrer Wünsche, Reintegrationsmaßnahmen zu nutzen oder direkt in die Gemeinschaften zurückzukehren, zu entsprechen. Ein wesentlicher Bestandteil von Reintegrationsmaßnahmen sind Familienzusammenführungsprogramme. Die Kinder benötigen nach der Entlassung und Rehabilitation häufig zunächst eine Ruhephase, in der sie Zeit erhalten, sich neu zu orientieren und zurechtzufinden. Diesem Bedürfnis ist Beachtung zu schenken, bevor sie die Entscheidung treffen, in die Familien zurückkehren.

Die Durchsetzung der Maßnahmen in den Programmen der Familienzusammenführung ist mit vielen Problematiken verbunden. Die Lebensbedingungen in den Gemeinschaften sind, aufgrund des Kriegsverlaufs, nach der Entlassung der Kindersoldaten häufig extremer als vor der Rekrutierung. Dennoch wird versucht, die Kinder oder jungen Erwachsenen in das bestehende Familien- und Gemeinschaftsleben zu reintegrieren. Grundlage der Reintegration der ehemaligen Kindersoldaten ist die Gewöhnung an das gesellschaftliche Miteinander und Aufhebung der Isolation von und Stigmatisierung durch die Gemeinschaft.

Die Herstellung von Familienkontakten ist zum Teil mühsam und langwierig. Nahe Angehörige, Verwandte und Bekannte sind im Krieg verstorben, geflohen oder sie wurden vertrieben. Die Suche beginnt innerhalb des Landes und kann sich über die Landesgrenzen hinaus erstrecken. Unter Umständen ist die Zusammenführung an einem anderen Ort umzusetzen. Wenn die Personensuche erfolglos war oder sich ergeben hat, dass Familienmitglieder verstorben sind, müssen alternative Angebote zur Verfügung stehen, die den Kindern oder Jugendlichen die Möglichkeiten bieten, ihren seelischen, sozialen und körperlichen Bedürfnissen gerecht zu werden.

Gemäß UN-Kinderrechtskonvention, Artikel 20, Absatz 3: „*Als andere Form der Betreuung kommt unter anderem die Aufnahme in eine Pflegefamilie, die Kafala nach islamischem Recht, die Adoption oder, falls erforderlich, die Unterbringung in einer geeigneten Kinderbetreuungseinrichtung in Betracht.*"

Die Familienzusammenführung kann sich bei erfolgreichem Auffinden von Familien- und Gemeinschaftsmitgliedern als problematisch herausstellen. Die Strukturen in der Familie und der Gemeinde werden im Kriegsgeschehen geschädigt und/oder verändern sich. Gründe hierfür können in der Tötung und/oder einer zusätzlichen Rekrutierung von Familienmitgliedern liegen. Aufgabenbereiche innerhalb der Familie werden auf andere Personen übertragen. Umstände wie diese können das wiederkehrende Kind oder Jugendlichen irritieren und verunsichern. Die Trauer um verstorbene Angehörige kann das gerade genesende Kind erneut mit Verlust- und Trennungsschmerzen konfrontieren.

Ein weiteres Problem besteht darin, eine Versöhnung und Wiedervereinigung innerhalb von Familie und Gemeinschaft zu erzielen. Vorurteile über Kindersoldaten müssen korrigiert werden. Bereits in der Demobilisierungsphase können Schritte geplant werden, die den Weg zur Korrektur fehlerbehafteter Vorstellungen bahnen, indem der Einsatz von Kindern in kriegerischen Auseinandersetzungen, sowie die Folgen auf ihre Entwicklung und der Verstoß gegen die Rechte des Kindes offiziell anerkannt werden. Maßnahmen der Familienzusammenführungsprogramme sind demzufolge, Aufklärungsarbeit in den Familien und in den Gemeinschaften zu leisten und ihnen zu vermitteln, dass die Kampfeinsätze folgenschwere Auswirkungen auf die Kinder haben, die sie zum Teil zu anderen Menschen werden lassen. Ein Grund hierfür ist, dass die Kinder zum Teil langjährig in den bewaffneten Gruppen gedient haben. Sie fühlen sich entfremdet in Bezug auf die traditionellen und kulturellen Werte der Gemeinschaft. Die Kinder hatten aufgrund der mehrjährigen Trennung unter anderem nicht die Möglichkeit, die gemeinschaftstypischen Erwerbsmöglichkeiten zu erlernen.

Die Aufklärung stellt insbesondere in den Gesellschaften eine Herausforderung dar, die die aktive Beteiligung alle Familienmitglieder für den Lebensunterhalt benötigen. Dieser Schritt ist eine Möglichkeit, Ressourcen in der Familie und Gemeinschaft zu mobilisieren beziehungsweise erneut zu erschließen und zu aktivieren. Dazu gehört, die Netzwerke innerhalb der Gemeinde zu fördern und auszubauen. Die soziale Realität unterstützt den Wiedereingliederungsprozess ehemaliger Kindersoldaten. Die Arbeit von Fachkräften muss sich darauf beschränken, Aufklärung zu betreiben und darf die Selbstorganisation in der Gemeinschaft und kulturelle Gegebenheiten nicht einschränken. Dadurch gelingt es, nachhaltig Wirkungen zu erzielen und keine Abhängigkeiten entstehen zu lassen. Präventive Maßnahmen, die der Rekrutierung von Kindern für die Zukunft Einhalt gebieten, können durch das Verständnis für und das Bewusstsein über die Ursachen und Folgewirkungen wirksam werden.

Zusammen mit den Kindern kann die Vergangenheit aufgearbeitet werden, alternative Meinungen und Einstellungen entwickeln sich und die Zukunft wird gemeinsam gestaltet. Ehemalige Kindersoldaten können im Zusammenleben mit der Familie und Gemeinschaft erlernen, dass nicht allein die Waffe Macht verleiht und sie sich nicht als Soldat sondern als Opfer des Krieges identifizieren müssen.

4.3.2 Bildung und Berufsausbildung

Die soziale Reintegration umfasst weiterführend, Entwicklungsdefizite im schulischen und berufsausbildenden Bereich zu beheben.

„Die Vertragsstaaten erkennen das Recht des Kindes auf Bildung an; (…)“ (UN-Kinderrechtskonvention, Artikel 28, Absatz 1)

Bürgerkriege und andere kriegerische Konflikte haben häufig zur Folge, dass schulische Einrichtungen zerstört werden. Der Mangel an bildenden Institutionen im gesamtgesellschaftlichen Kontext führt zu der Problematik, dass ehemalige Kindersoldaten, die bereits während ihrer aktiven Zeit bei bewaffneten Gruppierungen keine oder nur geringe Bildung erfahren haben, zum zweiten Mal nicht die Möglichkeit bekommen, eine Schule besuchen zu können. Es müssen Bildungsinstitutionen geschaffen werden, die, einen Lehrermangel berücksichtigend, von internationalen Hilfskräften unterstützt werden. Die Ausbildung neuer Lehrkräfte ist in diesem Fall sehr bedeutend.

Speziell ausgerichtete Lehrangebote, die sich den Entwicklungsrückständen, der Kinder und Jugendlichen anpassen, müssen gestaltet werden. Zudem ist es erforderlich, das fortgeschrittene Alter und spezifische Verhaltensauffälligkeiten der Kinder und Jugendlichen zu beachten. Institutionen haben die Aufgabe, eine berufliche Komponente in Konzepten einzuarbeiten, um den Jugendlichen aufgrund des fortgeschrittenen Alters gerecht zu werden und um ihre Mitarbeit in den Gemeinschaften zu gewährleisten. Allgemeingültige Bildungseinrichtungen haben zum Ziel, den kriegsbedingten Entwicklungsrückstand hinsichtlich kultureller und sozialer Werte zukunftsorientiert aufzuarbeiten, was bedeutet, dass Krieg und Gewalt dem Frieden zu weichen haben.

4.3.3 Kulturelle und soziale Fragen

Projekte, die für die Demobilisierung, die Rehabilitation und die Reintegration entstehen, dürfen den Fokus nicht allein auf ehemalige Kindersoldaten legen. Die gesamtgesellschaftlichen Probleme bilden den Schwerpunkt. Soziale und kulturelle Veränderungen sind notwendig, um den Frieden zu erhalten. Eine erhebliche Schwierigkeit stellt diesbezüglich das Zusammenleben von vormals verfeindeten Gruppen dar, wenn der Bürgerkrieg auf einem ethnischen Konflikt beruhte. Kinder und Jugendliche, die sich gegenseitig innerhalb ihrer bewaffneten Gruppierungen bekämpft haben, leben nun Seite an Seite. Besonders wichtig ist in diesem Zusammenhang, dass der zerbrechliche Frieden nur in einen dauerhaften Zustand übergehen kann, wenn den Kindern Möglichkeiten und Perspektiven aufgezeigt werden können. Andernfalls bedeutet Frieden, mit Einschränkungen und Behinderungen leben zu müssen. Es sind zudem Strukturen notwendig, um Kontrollmechanismen in der Persönlichkeit zu entwickeln, die mit den Normen und Werten einer Gesellschaft einhergehen (VGL. BRETT/MCCALLIN, 2001, S. 105 FF., REHRL, 2004, S. 198).

4.4 Chancen und Grenzen unter dem Aspekt der Enttraumatisierung

„Ohne Rehabilitation und Reintegration können den Kindersoldaten die Normen und Werte der Gesellschaft nicht nahe gebracht werden.“ (BRETT/ MCCALLIN, 2001, S. 10)

Das folgende Kapitel ist unterteilt in fünf Abschnitte. Im ersten Teil geht es um die Wiedereingliederung von ehemaligen Kindersoldaten in die Familie und Gemeinschaft. Anhand unterschiedlicher Projekte werden Chancen und Grenzen für eine soziale Reintegration aufgezeigt.

Abschnitt zwei wird speziell auf die Problematiken im Reintegrationsprozess von Kindersoldatinnen eingehen.

Anschließend werden im dritten Teil die Schwierigkeiten beschrieben, die dem Reintegrationsprozess von einstigen Kindersoldat(inn)en mit Behinderungen entgegenstehen.

Der letzte Abschnitt behandelt spezifische Problematiken in den Rehabilitations- und Reintegrationsphasen und befasst sich mit den Grenzen der therapeutischen Arbeit mit einstigen Kindersoldaten.

4.4.1 Familie und Gemeinschaft

Peter Steudtner war in Mosambik im „Rehabilitationsprojekt für ehemalige Kindersoldat(inn)en auf der Ilha Josina Machel" zwei Jahre lang tätig. Zu den Möglichkeiten der Reintegration zählen, gemäß seiner Erfahrungen, traditionelle Reinigungs- und Heilungsrituale der Gemeinschaften.

„Nicht immer sind die individuellen Folgen, die wir mit unseren westlich-nördlichen Psychotherapie-Konzepten erfassen, auch wirklich die, die die ehemaligen Kindersoldat(inn)en und ihre Gemeinschaften für sich als Realität und gemeinschaftsorientierte Wirklichkeit wahrnehmen." (BÜTTNER/MEHL/SCHLAFFER/NAUCK, 2004, S. 69)

Zwischen den Gemeinschaften und den zurückkehrenden Kindern besteht der Konflikt, dass die Familien- und Gemeindemitglieder die Rückkehr mit Furcht und der „Verunreinigung durch die Geister" in Verbindung bringen, sie aber auch Gewissensbisse ihren Kindern gegenüber haben.

Die Kinder sind ihrerseits von Scham- und Schuldgefühlen geprägt, befürchten Racheaktionen seitens der Gemeinschaft und/oder sie vertrauten darauf, dass sie von Familie und Gemeinschaft vor einer Rekrutierung bewahrt werden würden. Infolge dessen können die Kinder die Autorität der Familie und Gemeinschaft nicht mehr respektieren. Auf diesem Konflikt beruhend kann eine Unterteilung in externe und interne Integrationsstrategien vorgenommen werden.

Die interne Integration beinhaltet kurzfristige, traditionelle Rituale und Zeremonien bezogen auf Heilung und Krankheit, und langfristige Elemente, das heißt, den Alltag und das Miteinander der Gemeinschaft bestimmend. Kindersoldat(inn)en erfahren keine genau für sie entwickelte Zeremonie, es werden die allgemein gängigen Vorgehensweisen gewählt.

„Wir wuschen die Kinder, damit sie das vergessen, was mit ihnen dort im Busch passiert war. (...) Um dieses Leben, das sie dort geführt haben, zurücklassen zu können. (...) Für diese Zeremonie für die zurückgekehrten Kinder braucht man Tauben, Maismehl, Salz, Brennholz, Speiseöl und Kerzen. (...) Das vertreibt die bösen Geister. (aus einem Interview mit dem Priester einer synkretistischen Kirche, Davide K., 07. April 1998)." (BÜTTNER/MEHL/SCHLAFFER/NAUCK, 2004, S. 78)

Sämtliche Probleme, die mit den ehemaligen Kindersoldaten einhergehen, sollen durch dieses Ritual behoben werden, mitunter Krankheiten, psychotraumatische Symptome, Ablehnung durch die Familie und andere. Bei diesem Ritual ist von Bedeutung, ein „aktives Vergessen" bei den Kindern zu erreichen, das den symbolischen Charakter der Wiederherstellung des Gemeinschaftslebens hat. Auch in Uganda, Antiregimekrieg bis heute, werden „Cleansing Rituale" angewandt. Sie haben zum Ziel, den „bad cen", die Besessenheit von bösen Geistern, auszutreiben.

„Es handelt sich hierbei um eine kulturelle Strategie, um mit dem Konflikt umzugehen, dass die ehemaligen Kindersoldaten gleichzeitig Opfer und Täter sind." (BIEDERMANN, 2007, S. 22)

Zu den externen Integrationsmechanismen gehören alle zum Reintegrationsprozess erforderlichen Maßnahmen seitens der Demobilisierungs-, Rehabilitations- und Reintegrationsprogramme. Das mosambikanische Reintegrationsprogramm „Reconstruindo a Esperanca" enthielt das Rehabilitationsprogramm „Psycho-soziales Rehabilitationsprojekt für kriegsgeschädigte Kinder und Jugendliche – Ilha Josina Machel", das von dem mosambikanischen Psychologen Boia Efraime Junior ins Leben gerufen wurde. Es beinhaltete unter anderem die Behandlung von psychischen und sozialen Problemen der ehemaligen Kindersoldat(inn)en, der Familien und Gemeinschaften.

Die Besonderheit bestand darin, dass so genannte „Activitas", Mitglieder der Gemeinschaft, als Vermittler zwischen den Gemeinschaften und dem Projekt fungierten und die Betreuung der ehemaligen Kindersoldat(inn)en übernahmen. Sie wurden von den Projektmitarbeitern in Problemsituationen oder bei Beratungsbedarf unterstützt. Die Gemeinschaft und die Kinder übernahmen dadurch eine aktive Rolle im Reintegrationsprozess. Im Projekt wurde psychotherapeutische Gruppenarbeit angewendet, die mit einem psychodynamisch imaginativen Therapiemodell arbeitete. Kriegstraumata wurden über imaginative Techniken be- und verarbeitet. Es unterstützte zudem den Aufbau der durch den Krieg zerstörten Infrastruktur, wie beispielsweise den Bau von Schulen und medizinischen Versorgungseinrichtungen.

„Durch diese Kampagne wurde nicht nur zum ersten Male (…) zugegeben, dass sie Kindersoldat(inn)en rekrutiert hatten, sondern auch eine Sonderregelung für ehemalige Kindersoldaten gefunden." (BÜTTNER/MEHL/SCHLAFFER/NAUCK, 2004, S. 82)

Das Rehabilitations- und Reintegrationsprojekt in Mosambik führte dennoch zu Konflikten und Unstimmigkeiten hinsichtlich der internen und externen Integrationswege. Wurden auf der einen Seite Zeremonien mit den Kindern durchgeführt, die sie Erfahrungen und Erlebnisse vergessen lassen sollten, um das Gemeinschaftsleben wiederzugewinnen, so hatten die Psychotherapien im Projekt zum Ziel, Traumata wieder zu erinnern, damit sie be- und verarbeitbar sind. Ehemalige Kindersoldaten wurden somit in einen Zwiespalt gebracht, indem sie nicht wussten, ob sie das gemeinschaftliche Tabu im therapeutischen Prozess brechen dürfen oder nicht.

„Selbstdefinition über die Gemeinschaft ist wichtiger als die Selbstdefinition über das Individuum." (BÜTTNER/MEHL/SCHLAFFER/NAUCK, 2004, S. 83)

Anhand dieses Projektes wird deutlich, dass sich externe Helfer zunächst einen Gesamteindruck von der Lebensweise, den Glaubenssätzen und den Traditionen der Gemeinschaft, in die das Kind reintegriert werden soll, machen müssen. Interventionen sollten nicht auf den Weg gebracht werden, wenn sie den internen Bewältigungsmechanismen der Gemeinschaft entgegenstehen. Der Netzwerkaufbau zwischen den Projekten und den Familien und Gemeinden ist ein konstruktiver Ansatz, die interne und externe Integration miteinander zu verbinden. Kulturelle, traditionelle Gegebenheiten müssen Beachtung finden. Folglich kann die, auf beiden Seiten beruhende, Akzeptanz beitragen, die Kindersoldaten bestmöglich zu reintegrieren (VGL. BÜTTNER/MEHL/SCHLAFFER/NAUCK, 2004, S. 69 FF.).

In Sierra Leone, Bürgerkrieg von 1991 bis 2002, wiesen die Reintegrationsmaßnahmen zur Wiedereingliederung von ehemaligen Kindersoldaten ähnliche Ansätze in Bezug auf die Partizipation von Kind, Familie und Gemeinschaft und der Netzwerkarbeit auf. Das Projekt mit der Bezeichnung „Programm zur Sensibilisierung, Mobilisierung und des Engagements für die Familien" verfolgte unter anderem die Ziele der Versöhnung zwischen Gemeinschaft und Kind, die Korrektur von Vorurteilen, die Ressourcenmobilisierung von Familie und Gemeinschaft und die Unterstützung dieser im Umgang mit den zurückgekehrten Kindern. Die Bedürfnisse der Kinder finden in beiden Programmen Berücksichtigung. Das Projekt in Mosambik setzte „Activitas" für die Vermittlung zwischen Kind, Familie/Gemeinschaft und Reintegrationsprogramm ein, während das Projekt in Sierra Leone externe Fachkräfte für diese Funktion vorsah. In beiden Programmen wurden die erwünschten Ergebnisse erzielt. Sie sind nachhaltig, ganzheitlich und sie lassen keine Abhängigkeiten von externen Hilfen entstehen. Dennoch ist darauf hinzuweisen, dass traditionelle, religiöse und kulturelle Werte in den jeweiligen Gebieten Sierra Leones und Mosambiks trotz des Kriegsgeschehens erhalten geblieben sind. Das muss nicht immer der Fall sein. Gemeinschaften können im Krieg gänzlich zerstört werden und demzufolge auch ihre Traditionen und Rituale. Ein Bürgerkrieg kann so viel Elend mit sich bringen, dass der Glaube an Spiritualitäten und traditionelle Werte seine Basis verliert (vgl. Biedermann, 2007, S. 19 ff., Brett/McCallin, 2004, S. 120 ff. u. Büttner/Mehl/Schlaffer/Nauck, 2004, S. 69 ff. u. S. 151ff.).

4.4.2 Probleme im Reintegrationsprozess von einstigen Kindersoldatinnen

Reintegrationsprozesse weisen erhebliche Defizite in Bezug auf die Betreuung von Kindersoldatinnen auf. Obwohl der Aufgabenbereich von Mädchen in bewaffneten Konflikten die aktive Teilnahme an Kampfhandlungen, die Erfüllung sexueller Dienste in Zwangsehen („being given as wife"), allgemeine Versorgungstätigkeiten sowie die Betreuung jüngerer oder eigener Kinder umfasst, werden sie in den Phasen der Demobilisierung, Rehabilitation und Reintegration zum Teil nicht erfasst und bekommen demzufolge nicht die Möglichkeit, Hilfsprojekte zu nutzen.

„Man wisse noch viel zu wenig über geschlechtsspezifische Verarbeitungsweisen der kriegsbedingten Erlebnisse der Mädchen, argumentiert zum Beispiel McKay & Mazurana (2000). Somit können deren spezifische Bedürfnisse in den bisherigen DDR-Programmen nicht ausreichend berücksichtigt werden." (Biedermann, 2007, S. 5)

„(?)Ein Grund hierfür liegt darin, dass die Programme nicht direkt auf eine Verbesserung der Menschenrechte abzielen, sondern es in den Friedensprozessen hauptsächlich um die Entwaffnung geht. Der Erfolg richtet sich nach der Menge der Waffen, die die Kämpfer abgeben. Und das ist vor allem Aufgabe der Männer und nicht der Frauen... Dieser Entwicklung kann man nur entgegenwirken, indem man bei der Demobilisierung unterschiedliche Kriterien für Männer, Frauen und Kinder anwendet." (Büttner/Mehl/Schlaffer/Nauck, 2004, S. 104)

Die Ursache, Mädchen und jungen Frauen bei der Entwaffnung nicht in dem gleichen Maß Beachtung zukommen zu lassen, liegt mitunter an den ungenauen Formulierungen in den Rechtsbestimmungen der Vereinten Nationen. Im Übereinkommen über die Rechte des Kindes, UN-Kinderrechtskonvention Artikel 1, wird ein Kind beispielsweise wie folgt definiert:

„Im Sinne dieses Übereinkommens ist ein Kind jeder Mensch, der das achtzehnte Lebensjahr noch nicht vollendet hat, …"

Die ungünstigen Rahmenbedingungen, das Hauptaugenmerk auf die Entwaffnung allgemein zu legen und die unzureichenden gesetzlichen Formulierungen, haben Auswirkungen für die Zukunft von Kindersoldatinnen.

Im folgenden Abschnitt wird davon ausgegangen, dass Kindersoldat(inn)en tatsächlich demobilisiert wurden. Er wird verdeutlichen, welche Maßnahmen notwendig wären, um kriegstraumatisierte Mädchen und junge Frauen in Bezug auf ihre physische und psychische Verfassung bestmöglich zu unterstützen (VGL. BIEDERMANN, 2007, S. 14, BÜTTNER/MEHL/SCHLAFFER/NAUCK, 2004, S. 103 FF.).

Die Rehabilitation von ehemaligen Kindersoldatinnen beinhaltet Maßnahmen, das körperliche und seelische Wohl wiederherzustellen. Die physischen Folgen des Krieges, insbesondere nach Vergewaltigungen, können Verletzungen oder Verstümmelungen des Intimbereichs, Geschlechtskrankheiten, die Ansteckung mit dem HI-Virus und innere Organschädigungen umfassen. Josephine aus dem liberianischen Bürgerkrieg, Soldatin ab dem 12. bis zum 19. Lebensjahr berichtet:

„Ich war zu klein, als er mich vergewaltigte. Der Mann, der es tat, war der Rebellenführer. Als er mich vergewaltigte, bekam ich starke Schmerzen in meinem Bauch. Ich habe Bauchschmerzen, und auch heute noch kann ich sehr starke Schmerzen haben." (SCHMID/SCHMID, 2001, S. 119 F.)

Die Tatsache, dass auch eigene Kinder aus sexuellen Gewaltakten hervorgehen und mitgebracht werden, muss im Programm Berücksichtigung finden und spezielle Angebote bereitstellen. Der psychische Zustand der Kindersoldatinnen ist dadurch geprägt, dass sie unter Umständen mehrere traumatische Erfahrungen im Krieg erleben. Zum einen werden spezifische Traumata, wie das Vergewaltigungstrauma, und zum anderen kriegsbedingte Kindheitstraumatisierungen erlebt.

Die Krankheitsbilder nach sexuellen Gewalterfahrungen reichen von komplexen PTBS bis hin zu Viktimisierungsstörungen, Kindersoldatinnen erleben diese Form von Gewalt oftmals über einen längeren Zeitraum.

„Da die Vergewaltigung für die meisten Mädchen das erste sexuelle Erlebnis ist, befinden sie sich oft in einer Situation absoluter Unsicherheit, was als nächstes geschehen wird. (…) Bei den späteren, nachfolgenden Vergewaltigungen verringerte sich (…) im Allgemeinen das erlebte Angstniveau (…)" (BIEDERMANN, 2007, S. 88)

Die psychischen Folgen einer Vergewaltigung müssen bei ehemaligen Kindersoldatinnen zudem eine Verbindung zu den kriegsbedingten Kindheitstraumatisierungen herstellen. Es ist wahrscheinlich, dass durch einen Krieg sowohl Trauma-Typ I, Schocktraumata, als auch Trauma-Typ II, traumatische Erfahrungen werden über einen längeren Zeitraum erlebt, in der Kindheit aufgetreten. Hier manifestiert sich das Krankheitsbild einer bPTBS/Ki, deren Symptome gleichzusetzen sind mit den Symptomen der PTBS von Erwachsenen. Es kann davon ausgegangen werden, dass ehemalige Kindersoldatinnen ein komplexes Krankheitsbild, psychisch und physisch, aufweisen. Rehabilitationsprogramme sind hinsichtlich der ungleichen Erfahrungen von Jungen und Mädchen und aufgrund unterschiedlicher Krankheitsbilder differenziert zu konzipieren. Die Angebote sind entsprechend geschlechtsspezifisch auszurichten (VGL. BRETT/MCCALLIN, 2001, S. 138 FF, FISCHER/RIEDESSER, 2003, S. 317 FF. U. 270 FF.).

Die Reintegration von ehemaligen Kindersoldatinnen ist häufig mit vielen Problematiken verbunden. Die Maßnahmen entscheiden indirekt darüber, welche Rolle den Mädchen und jungen Frauen zukünftig in ihren Familien und Gemeinschaften zugeschrieben wird. Gelingt es in der Reintegrationsphase nicht, die Wiedereingliederung zu ermöglichen, haben ehemaligen Kindersoldatinnen häufig nur einen Ausweg. Um den Lebensunterhalt für sich und zum Teil eigene Kinder zu bestreiten, bleibt ihnen oft nur die Möglichkeit, sich zu prostituieren. Die Wiedereingliederung in die Gemeinschaften gestaltet sich aus unterschiedlichen Gründen schwierig. Der bereits erwähnte Konflikt zwischen den ehemaligen Kindersoldaten allgemein und der Familie/Gemeinschaft wird ergänzt durch streng religiöse und kulturelle Glaubenssätze, die Rolle der Frau betreffend. Nicht allein die Tatsache, dass Mädchen aktiv an den Kampfhandlungen teilnehmen, bestimmt den Konflikt, sondern auch die bereits vorhandenen sexuellen Erfahrungen.

„Sie werden gemieden, weil sie bereits von Männern „gebraucht" worden sind und daher bereits mit HIV/AIDS infiziert sein können …" (BRETT/MCCALLIN, 2001, S. 139)

Mädchen und Frauen entsprechen somit nicht mehr den Moralvorstellungen in den Gemeinden. Sie sind nicht mehr jungfräulich und haben bereits Kinder. Hinzu kommt, dass es nicht mehr möglich ist, sie zu verheiraten. In Anlehnung an die im vorherigen Abschnitt getroffenen Aussagen über die Wiedereingliederung von Kindersoldaten im Allgemeinen, ist das Hauptaugenmerk, zurückkehrende Kindersoldatinnen betreffend, darauf zu richten, wie eine Sensibilisierung der

Familie/Gemeinschaft in Bezug auf die Rolle der Frau erreicht werden kann. Die Toleranzschwellen sind in streng religiösen Gemeinschaften sehr begrenzt. Ein Ansatz wäre, alle, durch den Krieg verursachte, Gegebenheiten und Probleme, einschließlich der Rückkehr von Kindersoldatinnen, über Mitarbeiter der Reintegrationsprogramme zu kommunizieren. Das bedeutet, auch hier Vermittler seitens des Projekts einzusetzen, die alle Thematiken, die in Verbindung mit dem Kriegsgeschehen stehen, ganzheitlich bearbeiten. Familien- und Gemeinschaftsmitglieder als auch die Kindersoldat(inn)en können ihre Themen miteinander besprechen, um im Nachhinein gemeinsam an Lösungen zu arbeiten. Ein Weg wäre, dass Bewusstsein dafür zu schaffen, dass die Vergangenheit, dass heißt, der Krieg und alles, was der Krieg mit sich gebracht hat, unabänderlich sind. Die aktuellen Gegebenheiten, unter anderem die Rückkehr der Kindersoldaten, sind Folgen des Krieges und müssen akzeptiert werden. Die Vergangenheit kann nicht mit Hilfe von Stigmatisierung einzelner Gruppen ungeschehen gemacht werden. Wenn es möglich ist, dass sich Familie und Gemeinde dieser Tatsachen bewusst werden, kann die Reintegration unter Einbezug von traditionellen oder gar neuen Ritualen möglich sein.

Es muss versucht werden, bestehende Ressourcen aufzugreifen, wie zum Beispiel traditionelle Bewältigungstechniken.

„Dort auf der Militärbasis gab es Männer, die sie mit Gewalt missbrauchten, bis sie die Geschlechtsteile der Mädchen zerstörten; (…) Deshalb gab ich eine reinigende Medizin, um ein Bad zu nehmen (…) Danach mussten sie auch den Magen reinigen. (aus einem Interview mit dem traditionellen Heiler Augusto H., Ilha Josina Machel, 10. September 1998).“ (BÜTTNER/MEHL/SCHLAFFER/NAUCK, 2004, S. 73) (VGL. BIEDERMANN, 2007, S. 88 FF., BRETT/MCCALLIN, 2001, S. 138 FF. U. BÜTTNER/MEHL/SCHLAFFER/NAUCK, 2004, S. 103 FF.).

4.4.3 Kindersoldat(inn)en mit Behinderungen

Problematisch ist die Reintegration körperlich behinderter ehemaliger Kindersoldat(inn)en. Eine Behinderung stellt im Konflikt zwischen Familie/Gemeinschaft und einstigen Kindersoldat(inn)en eine zusätzliche Belastung dar.

Kinder und Jugendliche kehren aus dem Krieg mit amputierten Gliedmaßen, blind oder auch gehörlos wieder. Sie werden mit Zurückweisung und Stigmatisierung gestraft. Die Gemeinschaft fühlt sich durch die körperlichen Behinderungen der Kinder an den Krieg erinnert, sie sind die Symbole für das Elend, den Schmerz und die

Zerstörung. Werden einstige Kindersoldat(inn)en in ihre Familien aufgenommen, sind sie aufgrund ihrer Handicaps kaum in der Lage, die Lebensunterhaltungskosten der Familien mit zu tragen. Die Zukunftsperspektiven sind in Bezug auf den schulischen und berufsausbildenden Werdegang begrenzt.

„Taubheit und Blindheit können zu ernsten Hindernissen bei der zukünftigen Ausbildung, der Berufs- und Sozialentwicklung werden." (Brett/McCallin, 2001, S. 99)

Zudem stellen die Kosten für medizinische Behandlungen, beispielsweise Nachbehandlungen der amputierten Gliedmaßen und Fertigung von Prothesen, ein Problem dar. Da sich Kinder in der Wachstumsphase befinden, die Knochen demzufolge noch wachsen, sind die alten Prothesen in zeitlichen Abständen durch neue zu ersetzen.

Programme der Reintegration sind so zu gestalten, dass sie die Wiedereingliederung in die Gemeinschaft, eine medizinische Versorgung, Bildungschancen und die Einkommenssicherung gewährleisten. Ein wichtiger Ansatz ist auch hier, ganzheitlich zu arbeiten. Um die Wiedereingliederung zu ermöglichen, sind die Familie und Gemeinschaft zu sensibilisieren. Die Reintegration beinhaltet zudem, dass die Möglichkeit geschaffen wird, dass die Heranwachsenden trotz Behinderung nach der schulischen Ausbildung in Arbeit eingegliedert werden können. Für den Lebensunterhalt selbst aufzukommen zu können, bewirkt, dass die einstigen Kindersoldat(inn)en ein Gefühl der Zugehörigkeit entwickeln. Sie können aktiv einen Beitrag im Wiederaufbauprozess leisten. Es sollte Spezifische Projekte geben, die explizit auf die Bedürfnisse behinderter Menschen ausgerichtet sind. In Hinblick auf die Vielzahl behinderter Jungen, Mädchen und Jugendlichen können Projekte den Betroffenen Möglichkeiten des Austauschs und zusätzliche Unterstützung bieten (vgl. Brett/McCallin, 2001, S. 99 f., Nuscheler, 2005, S. 184 u. Schmid/Schmid, 2001, S. 102).

4.4.4 Spezifische Problematiken in den Phasen der Rehabilitation und Reintegration

Kindersoldat(inn)en haben nach ihrer Entlassung Schwierigkeiten, sich in der neuen Situation zurecht zu finden. Sie meinen, ihr Leben nicht mehr unter Kontrolle zu haben. Das Tragen einer Waffe und die Identifikation mit der bewaffneten Gruppe gab ihnen bis dato Sicherheit (vgl. Nuscheler, 2005, S. 184). Entscheidungen, die Kinder betreffend, wurden von Warlords oder anderen gefällt. Ishmael Beah schreibt in seinem Buch „Rückkehr ins Leben. Ich war Kindersoldat." über seine Erfahrungen im Reintegrationsprozess.

Er war drei Jahre lang Kindersoldat in Sierra Leone und bekam nach seiner Entlassung die Möglichkeit, in einem Rehabilitationscamp der UNICEF betreut zu werden. Er kam anschließend nach Amerika, beendete 2004 sein Studium in Politikwissenschaften und arbeitet heute für Human Rights Watch, um sich für Kindersoldaten weltweit einzusetzen. Beah schreibt zur Demobilisierung folgendes:

„Vielleicht hatten die naiven Ausländer geglaubt, unser Hass würde schwinden, wenn die uns aus dem Krieg holten. Es war ihnen nicht in den Sinn gekommen, dass ein Ortswechsel nicht automatisch normale Kinder aus uns machen würde. Wir waren gefährlich und darauf abgerichtet zu töten." (Beah, 2008, S. 158)

In der Rehabilitationsphase stehen Kindersoldaten häufig noch unter dem Einfluss von Drogen. Sie leiden an Entzugserscheinungen, die sie die Suchtmittel, die Waffen, die Gruppe und den Befehlshaber vermissen lassen. Gewaltausübung hat lange Zeit zum Tagesablauf gehört.

„Ich konnte an nichts anderes denken als daran, was mit meinem G3-Gewehr passiert war, welchen Film meine Einheit an jenem Abend wohl sah und welch gutes Marihuana und Koks ihnen zur Verfügung stand." (Beah, 2008, S. 161)

Der Umgang mit entlassenen Kindersoldat(inn)en ist von Gewalt gegen das Personal, gegen sich selbst und andere bestimmt, ohne dass es einen Anlass braucht. Betroffene Kinder und Jugendliche bemühen sich, das Fachpersonal abzuwerten, es durch Handlungen und Worte aggressiv zu stimmen. Die Provokation richtet sich nicht ausdrücklich gegen die Erwachsenen, sondern gegen die gesamte Umwelt. Es ist schwierig, in der Rehabilitationsphase an Kinder heranzukommen, deren Leben von Hass und Gewalt bestimmt ist. Die Herausforderung für das Fachpersonal besteht darin, *„...in jeder Situation die Kinder voll zu akzeptieren, auch wenn sie noch so sehr außer (Selbst-) Kontrolle geraten..."*. (Redl/Winemann, 1984, S. 258)

Eine Möglichkeit, Beziehungen zu den Kindern und Jugendlichen aufzubauen, besteht darin, mit ihnen zusammen zu leben. Ein ständiger und intensiver Kontakt, kann dazu verhelfen, dass die Panzer des Hasses abgeworfen werden können.

„Die sicherste Art, etwas über Kinder herauszubekommen, an die schwer heranzukommen ist, besteht darin, mit ihnen zusammenzuleben." (Redl/Winemann, 1984, S. 33)

Das Feindbild und der Hass gegenüber den Erwachsenen können nur mit Ausdauer und Akzeptanz der Kinder und Jugendlichen zusammenbrechen (vgl. Redl/Winemann, 1984, S. 258 f.).

Die Behandlung der Suchtsymptome ist ein schwieriger Teil im Rehabilitationsverlauf. Alkohol- und Drogenabhängigkeiten bergen stets die Gefahr, dass Kinder versuchen, aus den Projekten zu fliehen. Die pharmakologische Behandlung der Suchtsymptome kann nicht verhindern, dass die Kinder möglicherweise in ihre Kampfeinheiten zurück wollen. Problematisch ist in diesem Zusammenhang, Kinder mittels Ruhigstellung oder ihrer Einsperrung an das Programm zu binden (VGL. BEAH, 2008, S. 158 FF.).

Rehabilitationsmaßnahmen schließen mit ein, dass sich ehemalige Kindersoldaten einem geregelten Tagesablauf nähern. Der Lernprozess beinhaltet beispielsweise, dass regelmäßige Mahlzeiten zu sich genommen und Schlafenszeiten eingehalten werden. Für die Einhaltung von Regeln und Routinevorschriften ist ein außerordentlicher Kraft- und Zeitaufwand der Mitarbeiter erforderlich. Die spezifischen Rollenbilder des Fachpersonals sind transparent zu halten und müssen beständig sein. Ein qualifiziertes Programmangebot für Freizeitaktivitäten, das dem Abbau von Hass und Wut dient, ist als Bestandteil der Konzeption zu integrieren (VGL. BEAH, 2008, S. 158 FF., BIEDERMANN, 2007, S.20 FF. U. REDL/WINEMAN, 1984, S. 240 FF. U. 257 FF.).

Die Konzepte zur Rehabilitation und Reintegration sind zudem in Hinblick auf das Alter und die Biografie der Kindersoldaten zu differenzieren. Nach der Demobilisierung sind die unterschiedlichsten Altersgruppen vorzufinden. Es ist von Bedeutung, wie lange Kinder und Jugendliche unter dem Einfluss von bewaffneten Gruppierungen standen und welche unterschiedlichen Erfahrungen im gesamtbiografischen Kontext gemacht wurden. Kindersoldaten können mehrmonatige oder jahrelange Aufenthalte in Rebellencamps hinter sich haben. Die Berücksichtigung dieser Aspekte betrifft vor allem Maßnahmen, die Gruppenangebote in den Phasen der Rehabilitation und der Reintegration vorsehen.

„Wir hatten dort gelernt, wie viel Respekt der Therapeut vor dem oft verhängnisvollen Faktor Gruppenzusammenarbeit haben sollte…“ (REDL/WINEMANN, 1984, S. 33 F.)

Für die Arbeit mit Gruppen in den Reintegrations- und Rehabilitationsphasen gilt gleichermaßen, geeignete Methoden festzulegen, um die Zielvorgaben zu erreichen. *„…die jeweiligen Motive und Ziele legen fest, wie methodisch zu handeln ist.“* (SCHMIDT-GRUNERT, 2002, S. 48)

Traumazentrierte Gruppentherapien sind so zu gestalten, dass das Alter und die kognitiven Fähigkeiten der Kinder oder Jugendlichen Berücksichtigung finden und die Voraussetzungen dafür bilden, an

Entwicklungsprozesse anzuknüpfen, die entweder stagniert oder rückständig sind. Ein Gruppenangebot in der Reintegrationsphase kann beispielsweise zum Ziel haben, soziale Kompetenzen durch den Gruppenprozess wiederzuerlangen.

„Da wir es in der Arbeit mit Gruppen mit einzelnen Menschen zu tun haben, die mit ihrer persönlichen Lebensbiographie in die Gruppe eintreten, ist es nahe liegend, in der Gruppenarbeit biographische Bezüge aufzugreifen und zu reflektieren." (SCHMIDT-GRUNERT, 2002, S. 233)

Zu beachten ist der mögliche Umstand, dass auf unterschiedlichen Seiten im kriegerischen Konflikt gekämpft wurde. Die Gruppenarbeit in Bezug auf den Erwerb von Sozialkompetenzen kann von dieser Ausgangssituation profitieren, aber auch daran scheitern. Gruppenangebote können in den Bereichen Rehabilitation und Reintegration viele Möglichkeiten bieten, ehemalige Kindersoldaten zu reintegrieren.

„Immer wieder sind der Zusammenbruch interpersoneller Beziehungen und die begleitenden Gefühle der eigenen Wertlosigkeit der Inhalt von Gruppendiskussionen. Aber wichtiger vielleicht noch als die Ähnlichkeit des Inhalts ist die Einigkeit, die dadurch entsteht, dass man die gleichen Gefühle miteinander teilt." (ROGERS, 1997, S. 263)

Gruppenangebote können effektiv gestaltet werden, wenn Rehabilitationsmaßnahmen und Reintegrationsmaßnahmen im Gruppenkontext aufeinander aufbauen und ineinander übergehen (VGL. BÜTTNER/MEHL/SCHLAFFER/NAUCK, 2004, S. 73, REDL/WINEMANN, 1984, S. 33 FF., ROGERS, 1997, S. 255 FF. U. SCHMIDT-GRUNERT, 2002, S. 48 F. U. 229 FF.).

Traumazentrierte Therapien können erst nach Behandlung der körperlichen Symptome durchgeführt werden. Die Diagnose und der Therapieverlauf haben sich auf das Alter und die kognitiven Fähigkeiten des Kindes oder Jugendlichen zu beziehen. Aufgrund fehlender oder nicht geführter Geburtslisten sowie gefälschter Altersangaben der jeweiligen Machthaber kann das Alter des Kindes oder des Jugendlichen häufig nicht genau bestimmt werden. Heranwachsende können als erwachsene Soldaten identifiziert werden, obwohl sie noch Kinder beziehungsweise Jugendliche sind. Es ist möglich, dass es Geburtslisten gibt, das Kind oder der Jugendliche seinen ursprünglichen Namen aber nicht mehr kennt. Kindersoldaten erhalten in den Rebellencamps häufig andere Namen mit dem Hintergrund, ein neues Identitätsgefühl zu entwickeln und die bisherige Identität vom Hier und Jetzt in der bewaffneten Gruppe abzuspalten. Dadurch wird der Weg zur Identifizierung mit der Gruppierung geebnet. Die Gefahr für die Therapie besteht darin, dass der Entwicklungsstand sowie das Alter des Kindes oder Jugendlichen vor Therapiebeginn geschätzt werden müssen. Ist eine große Anzahl von Kindern und Jugendlichen davon betroffen, kann der Therapieverlauf in Bezug auf die individuelle Einschätzung des Therapeuten eine Art Standardisierung erfahren.

Eine weitere Grenze für den Therapieverlauf stellt die Mobilisierung von sozialen Ressourcen dar. In Kriegs- und Krisengebieten ist die Ressourcenmobilisierung im sozialen Umfeld des Kindes oftmals nicht möglich. Eltern, Verwandte und Freunde sind unter anderem selbst traumatisiert, verstorben oder nicht auffindbar. In diesem Fall sieht sich der Therapeut in der Pflicht, dem Kind ein neues schützendes und verlässliches Umfeld zu schaffen. Es stellt sich die Frage, wo in einem zerstörten sozialen Umfeld aktivierende Ressourcen gefunden werden können, um den Schutz des Kindes oder Jugendlichen zu gewährleisten. Es ist denkbar, dass lediglich das soziale Umfeld im Rehabilitations- und Reintegrationsprojekt mit dem dazugehörigen Fachpersonal als Schutzmaßnahme in Betracht kommt. Kinder oder Jugendliche können in Anbetracht dessen eine Abhängigkeit zum Projekt entwickeln. Die Programme sind so konzipiert, einen begrenzten Zeitraum zu umfassen. Die Sicherheit und der Schutz der Rehabilitationsumgebung fallen demzufolge nach Beendigung des Projekts weg.

„Wir nehmen solche Kinder und verpflanzen sie in unser Behandlungsmilieu, das für sie wahrhaftig ein Land ist, in dem Milch und Honig fließt. Und das Vernachlässigungsödem verwandelt sich in diesem Schlaraffenland in ein Verlangen nach viel mehr, als gewährt werden kann.“ (Redl/Winemann, 1984, S. 228)

Die Suche von Adoptions- oder Pflegefamilien oder anderer geeigneter Institutionen bietet eine Möglichkeit, dieser Problematik zu begegnen. Inwieweit Adoptionen oder Pflegschaften in Erwägung gezogen werden können, ist vom individuellen Alter des Kindes oder Jugendlichen abhängig. Für Heranwachsende sind betreute Wohnformen angemessener.

Die Therapie sieht weiterhin vor, sich auf positive prätraumatische Beziehungserfahrungen zu beziehen, an die sich ein Kind zurück erinnert soll. Sie fungieren als Wegweiser für den zukünftigen Aufbau von Beziehungen. Kinder und Jugendliche aus Kriegs- und Krisengebieten, die unter anderem als Waisen auf die Welt kommen, zu Waisen im Krieg gemacht werden oder bereits im Kleinkindalter von der Familie getrennt werden, haben aufgrund dieser Umstände kaum kontinuierliche und andauernde positiven Beziehungen erlebt. Es ist zu überlegen, wie ein gesunder Beziehungsaufbau unter diesen Aspekten aussehen kann. Wie können Kinder und Jugendliche von Grund auf neu erlernen, was eine gesunde Beziehung ausmacht, wie man sie aufbaut und wie man gesunde Beziehungsfaktoren von ungünstigen Faktoren unterscheidet?

Der Ansatz, auf prätraumatische Erfahrungen zurückzugreifen, spielt auch in Hinblick darauf eine Rolle, an positive Erfahrungen vor Kriegsbeginn anzuknüpfen. Kinder, die bereits in einen Krieg hinein geboren werden und schon in eine Gesellschaft hineinwachsen, die stark auf das Kriegsgeschehen ausgerichtet ist, konnten nie einen gesunden Glauben an die Welt entwickeln. Ein Soldatenstatus, der finanzielle Sicherheit und Versorgung bietet, ist häufig ein Ausweg.

In Traumatherapieverfahren wird unter anderem mit Techniken gearbeitet, die an Kreativität und Phantasie der Kinder und Jugendlichen knüpfen. Die Lebensumstände im Krieg und traumatische Erfahrungen führen dazu, dass das kindliche Einfallsreichtum verschüttet wird. In einem jahrzehntelang andauernden Bürgerkrieg werden Kinder in bedrohliche und gefährliche Lebensumstände hineingeboren. Kindestypische Herangehensweisen, wie beispielsweise der Einbezug traumazentrierter Spieltherapien, sind in ihrer Umsetzung problematisch.

„Um sich von faszinierenden Lebensaufgaben oder Lernsituationen herausfordern zu lassen, muss ein Kind eine gewisse Vorstellung von seiner eigenen Zukunft haben; es muss fähig sein, die Furcht vor Misserfolg ohne Zusammenbruch zu ertragen, den Sieg über einen Gegner ohne einen Ausbruch triumphierenden Hasses.“ (Redl/Winemann, 1984, S. 247)

Das Prinzip des Absolutismus beinhaltet, dass sich an den innerhalb einer Kultur aufgestellten Regeln und Werten zu orientieren ist. Eine Folgerung aus diesem Prinzip für die therapeutische Arbeit mit Kindersoldaten ist unter anderem, die autoritären Erziehungsmethoden innerhalb einer Kultur zu respektieren. Den Bedürfnissen der Kinder wird in einigen Kulturen nur geringe Beachtung geschenkt. Dennoch ist es gerade für ehemalige Kindersoldaten wichtig, selbst, einschließlich ihrer Erfahrungen, akzeptiert und respektiert zu werden. Dazu gehören, dass ihnen die Fürsorge zu teil wird, die sie jahrelang zu entbehren hatten, und das Verständnis für ihr Verhalten und Handeln. Dieser Konflikt kann eine gelingende Wiedereingliederung in die Gesellschaft gefährden.(vgl. Brett/McCallin, 2001, S. 21 ff., Fischer/Riesesser, 2003, S. 194 ff., Gröschen, 2008, S. 67 f. u. Landolt/Hensel, 2008, S. 20 f.).

Der Reintegrationsprozess von ehemaligen Kindersoldaten wird von den Vereinten Nationen als Element des Friedensprozesses erachtet. Dadurch ergibt sich die Möglichkeit, dass die Staatengemeinschaft einen unterstützenden Einfluss in Hinblick auf Demobilisierung, Rehabilitation und Reintegration ausüben kann, um den Bedürfnissen der Kinder gerecht zu werden (SIEHE KAPITEL 5).

5. Die Bedeutung der Entwicklungszusammenarbeit

„Das von Dieter Nohlen (2000) herausgegebene Lexikon Dritte Welt definiert Entwicklungspolitik folgendermaßen (S.224): ‚Unter Entwicklungspolitik ist die Summe aller Mittel und Maßnahmen zu verstehen, die von Entwicklungsländern und Industrieländern eingesetzt und ergriffen werden, um die wirtschaftliche und soziale Entwicklung der Entwicklungsländer zu fördern, d. h. die Lebensbedingungen der Bevölkerung in den Entwicklungsländern zu verbessern.'" (Nuscheler, 2005, S. 76)

Eine allgemein gültige Begriffsdefinition ist nicht möglich, da der Begriff „Entwicklung" für einzelne, Gemeinschaften und Länder unterschiedlichen Bedeutungen zugeschrieben wird. Die Entwicklungspolitik enthält unter anderem die Entwicklungszusammenarbeit.

Entwicklungszusammenarbeit umfasst die Vermeidung von Krisen und Kriegen von Staaten.

„Der berühmte Spruch von Willy Brandt bleibt gültig: ‚Frieden ist nicht alles, aber ohne Frieden ist alles nichts.'" (Nuscheler, 2005, S. 428)

Entwicklung ist demnach nur nachhaltig möglich, wenn Frieden herrscht.

Entwicklungshilfen sind sinnvoll, wenn in den zu unterstützenden Ländern darauf hin gearbeitet wird, den Staat zu befähigen, sein Gewaltmonopol zurück zu erlangen, die innere und äußere Sicherheit wieder herzustellen und der Bevölkerung hinsichtlich ihrer elementaren Bedürfnisse gerecht zu werden. Die Hilfen dürfen sich nicht nachteilig auf die Fähigkeit zur Selbsthilfe und kulturelle Gegebenheiten auswirken. Sie dienen lediglich der Unterstützung und Befähigung.

Jeder Staat ist einzigartig und demzufolge sind die Methoden und Maßnahmen länderspezifisch auszurichten mit dem Ziel der Entwicklung. Entwicklungszusammenarbeit ist so zu verwirklichen, dass kein Mitglied der Staatengemeinschaft durch diese benachteiligt wird. Eine nachhaltige Entwicklungsförderung bedeutet in diesem Zusammenhang, dass Industrienationen, Entwicklungs- und Schwellenländer die Ressourcen der Umwelt angemessen und nicht auf Kosten der Zukunft nutzen. Die Aussicht auf eine Welt, in der in keinem Land Menschen Bedrohungen und Not ausgesetzt sind, ist ein Vorsatz internationaler Zusammenarbeit (vgl. Nuscheler, 2005, S. 247 f.).

Die Staatengemeinschaft verfolgt das Ziel, dass alle Staaten an der Weltwirtschaft teilhaben (VGL. ÖSTERREICHISCHES STUDIENZENTRUM FÜR FRIEDEN UND KONFLIKTLÖSUNG, 2009, S. 10 FF.).

Die Entwicklungsmillenniumsziele umfassen Sicherheit und Abrüstung, Entwicklung und Armutsbekämpfung, Schutz der gemeinsamen Umwelt, Menschenrechte, Demokratie und gute Regierungsführung, Handels- und Schuldenerleichterungen sowie die Erhöhung der Entwicklungshilfen. In 21 Vorgaben werden die Ziele und deren geplante Umsetzung genauer definiert. Einen Schwerpunkt bildet die Friedenssicherung. Sie umfasst Friedensentwicklung, Krisenprävention, Konfliktbearbeitung, Friedensförderung, die Reform des Sicherheitssektors, den zivilen Friedensdienst, die Schaffung stabiler Staatlichkeit und den Schutz von Kindern in bewaffneten Konflikten.

Bezug nehmend auf den Einsatz von Kindersoldat(inn)en in bewaffneten Konflikten werden die folgenden Unterpunkte dieses Kapitels zunächst die Ursachen der Entstehung „Neuer Kriege" aufgreifen. Unter Einbezug der Aussagen über die neue Kriegsführung wird geprüft, inwieweit die Ziele einer Entwicklungsförderung mit den Interessenlagen der Staatengemeinschaft kollidieren.

Das Phänomen der Kindersoldat(inn)en ist ein Produkt dieser Kollision. Die Gründe hierfür werden in Kapitel 5.2 erläutert.

5.1 Zielvereinbarungen versus Interessenlagen Geberstaaten

Die Ursachen für den Ausbruch von Bürgerkriegen sind vielseitig. Macht- und Verteilungskonflikte können dazu führen, dass unterentwickelte Länder zum Teil nicht in der Lage sind, ihrer Bevölkerung lebensnotwendige Güter, Dienstleistungen und Produktionsstätten zur Verfügung zu stellen. Folgeerscheinungen können Unterernährung, unzureichende medizinische Versorgung, infrastrukturelle Unzulänglichkeiten und eine hohe Arbeitslosenquote sein. Die Aufgaben sind seitens der staatlichen Akteure nicht mehr zu bewältigen.

Ist ein Staat erst einmal geschwächt, ist der Weg zu Korruption, politischem und institutionellem Versagen sowie persönlichem Machtstreben nicht weit. Das Staatsversagen kann die Entwicklung des Landes in allen Bereichen stagnieren lassen. Für Machtakteure, wie Warlords, sind die Bedingungen geschaffen, den Zustand eines kollabierenden Staates zu nutzen, eigene Herrschafts- und Wirtschaftsbereiche entstehen zu lassen. Die Machtübernahme führt dazu, dass auf dem Grund und Boden des Staates Kriegsökonomien entstehen.

„*In the fractured world of Iran, Iraq and Afghanistan, Africa`s fragile an impoverished states are a natural haven for global terrorists. Porous borders, weak law enforcement and security institutions, plentiful and portable natural resources, disaffected populations, and conflict zones make perfect breeding grounds for all sorts of global terrorist organizations."* (MOYO, 2009, S. 151)

Warlords und andere nutzen die vorhandenen Ressourcen, um Gewinne aus dem Rohstoffverkauf in den Kauf von Waffen und Munition zu investieren. Flüchtlingslager der Vereinten Nationen sind zusätzliche Möglichkeiten der Ressourcenbeschaffung für den Fortbestand eines Krieges. Warlords profitieren von den Lebensmitteln, den Medikamenten und anderen Sachgütern.

Die Vereinten Nationen nehmen eine entscheidende Rolle in der Entstehung der „Neuen Kriege" ein. Ihre Mitverantwortung wird im Folgenden verdeutlicht. Der Verwirklichung der geplanten Millenniumsziele stehen oftmals staatseigene Interessen entgegen. Zunächst werden die Zielvereinbarungen der Vereinten Nationen benannt.

Die Entwicklung eines starken und zuverlässigen Staatsapparats sowie die Schaffung eines stabilen inneren und äußeren Sicherheitssektors sind Grundvoraussetzungen für den Frieden.

Friedensförderung und -entwicklung schließt den Schutz von Kindern in bewaffneten Konflikten ein. Die internationale Entwicklungspolitik hat zum Ziel, alle Staaten an der Weltwirtschaft teilhaben und profitieren zu lassen. Maßnahmen hierfür sind die Schaffung eines zollfreien Zugangs für die Entwicklungsländer und den Export ihrer Waren. Es ist ein faires Handels- und Finanzsystem weiterzuentwickeln, das alle Staaten in den Welthandel einbezieht. Zu den Zielvereinbarungen zählen zudem die Verwirklichung von Schuldenerleichterungsprogrammen, um zu gewährleisten, dass die Tilgungsraten der Darlehen einzelner Staaten zahlbar sind, sowie Schuldenerlasse für bankrotte Staaten. Die Friedensentwicklung ist Bestandteil der Entwicklungspolitik. Sie umfasst unter anderem Sicherheit und Abrüstung. Rüstungsgüter sind demzufolge weder zu importieren, noch können sie aus den am wenigsten entwickelten Ländern exportiert werden. Armutsreduzierung umfasst die Gewährung von Entwicklungshilfegeldern in der Höhe, in der sie für notwendig erklärt werden. Der Aufbau des Handels und des Dienstleistungssektors hat zum Ziel, Arbeitsplätze zu schaffen und Vollbeschäftigung anzustreben. Die Grundbedürfnisse der Bevölkerung sind zu sichern. Hierzu zählen die Ermöglichung einer allgemeinen Grundbildung, eine primäre Gesundheitsversorgung, Ernährung und sauberes Trinkwasser, Kleidung und Obdach. Die Nachhaltigkeit von Maßnahmen und eine stete Förderung der Hilfe zur Selbsthilfe sind zu befolgen und Basis der Zielvereinbarungen der Vereinten Nationen.

Der Entwicklungsprozess im Allgemeinen ist an bestimmte Voraussetzungen geknüpft. Die zeitliche Abfolge der geplanten Entwicklungsschritte ist länderspezifisch zu beurteilen. Die Schaffung stabiler nationaler Rahmenbedingungen umfasst die Wiederherstellung einer guten Regierungsführung, „good governance". Der zu unterstützende Staat ist in Hinblick auf den Aufbau von Rechtssicherheit und eines Verwaltungsapparats zu fördern und zu fordern. Er ist zu befähigen, selbstverwaltend aktiv zu werden. Die innere und äußere Sicherheit sind wesentliche Bedingungen für weiterführende Entwicklungsschritte. Entwicklung bedeutet zudem, dass die Infrastruktur, das Bildungswesen, der Arbeitsmarkt, Industrie, Handel, Landwirtschaft und außenwirtschaftliche Beziehungen funktionsfähig sind beziehungsweise auf den Weg gebracht werden. Hilfe zur Selbsthilfe meint in diesem Zusammenhang die Anregung und die Förderung der geistigen Arbeit der Bevölkerung eines Staates. Entwicklungsdynamik entsteht durch die Herausbildung von Produktivkräften, von Humankapital und Bestimmungen über landeseigene materielle und immaterielle Ressourcen im nationalen Interesse (VGL. ÖSTERREICHISCHES STUDIENZENTRUM FÜR FRIEDEN UND KONFLIKTLÖSUNG, 2009, S. 28 FF.).

Ein Hilfsinstrument zur Einschätzung der Problemlagen in Staaten ist der Human Development Index (HD), Index für die menschliche Entwicklung. Er zeigt den Entwicklungsstand von 177 Staaten weltweit auf. Der HDI umfasst Durchschnittswerte der einzelnen Länder in Hinblick auf die durchschnittliche Lebenserwartung, das Bildungsniveau und den Lebensstandard der Bevölkerung. Die Bedeutung des HDI besteht darin, aufzuzeigen, welche Länder aktuell im niedrigen Wertebereich liegen. Er ist hilfreich in Bezug auf die Festsetzung geeigneter und unterstützender Maßnahmen internationaler Entwicklungspolitik. Der Human Development Index wird jährlich veröffentlicht und übernimmt somit eine Kontrollfunktion bezüglich der Effizienz eingesetzter Entwicklungshilfegelder. Er gibt Aufschluss über die Entwicklung von Staaten und bietet eine Vergleichsmöglichkeit gegenüber dem Vorjahr beziehungsweise den Vorjahren.

Ein Millenniumsziel der Vereinten Nationen ist die Armutsbekämpfung. Armut umfasst gravierende Defizite der zur Verfügung stehenden materiellen Güter und Dienstleistungen. Grundbedürfnisse können nicht in ausreichendem Maß befriedigt werden. Hierzu zählen die lebensnotwendigen Bedürfnisse wie Obdach, Nahrung, Kleidung und eine gesundheitliche Versorgung.

Im folgenden Abschnitt wird aufgezeigt, dass die Umsetzung der Zielvereinbarungen der internationalen Staatengemeinschaft in Bezug auf die notwendigen Entwicklungsschritte in zu unterstützenden Staaten von nationalen Interessen abhängt.

Der einflussreiche US-Militärstratege Thomas Barnett hat dargelegt: *„Verliert ein Land gegen die Globalisierung oder weist es viele Globalisierungsschritte zurück, besteht eine ungleich größere Chance, dass die Vereinigten Staaten irgendwann Truppen dorthin entsenden werden.“* (ÖSTERREICHISCHES STUDIENZENTRUM FÜR FRIEDEN UND KONFLIKLÖSUNG, 2009, S. 10)

Länder, die nicht vom Welthandel profitieren können, sind darauf angewiesen, durch die internationale Entwicklungshilfe unterstützt zu werden.

„Globalisierung ist der kontinuierliche Vernetzungsprozess von verschiedenen weltweit stattfindenden Ereignissen in den Bereichen Wirtschaft, Technik, Politik, Soziales und Umwelt über die Grenzen von Nationalstaaten hinweg mit gegenseitigen Abhängigkeiten und Auswirkungen.“ (STEHR, 2009, S. 53)

Es gibt eine Unmenge an Definitionen zu diesem Thema. Auch diese Definition ist fragwürdig in Hinblick darauf, dass ein kontinuierlicher Vernetzungsprozess aller Nationalstaaten stattfindet. Von der Globalisierung profitieren nicht alle Länder weltweit. Es wird vorausgesetzt, dass technische Standards weltweit gegeben sind, einer steten Anpassung bei neu entwickelten Technologien Folge geleistet werden kann. Der weltwirtschaftliche Handel konzentriert sich auf Teilregionen und wächst keineswegs in allen Teilen der Welt gleich schnell.

„Der intraregionale Handel wächst schneller als der internationale Handel, (...)“ (NUSCHELER, 2005, S. 54)

Internationale Wirtschaftsaktivitäten und der damit in Verbindung stehende Konkurrenzdruck haben den nationalen Spielraum für Handel und Politik eingeengt.

Die Globalisierung ist verantwortlich für die Abzweigung der Realwirtschaft von den Devisen- und Spekulationsgeschäften der Finanzmärkte. Westliche Länder, die dem internationalen Wettbewerb standhalten können, üben Macht über die Länder aus, denen es nicht mehr gelingt, ihre Teilhabe am Welthandel zu realisieren. Werte und Normen großer Industrienationen finden Verbreitung in Staaten, deren Gesamtsituation in vielen Bereichen eine andere Sprache spricht. Wichtige Kritikpunkte der Globalisierung stellen zudem „*... die grenzüberschreitende organisierte Kriminalität, der Drogen- und Waffenhandel und die sie begleitende Geldwäscherei auf schwer kontrollierbaren Bankplätzen auf irgendwelchen Inseln...*" dar (NUSCHELER, 2005, S. 57).

Kriegsökonomien entstehen durch die globale Öffnung der Waffenmärkte und die damit einhergehende Verbindung zu Großkonzernen der Industrieländer. Warlords und andere sind Teil der globalen Marktwirtschaft und profitieren vom Handel und den internationalen Kreditbeziehungen. Staatliche Machtstrukturen gehen zunehmend an diese privaten Akteure über (VGL. NUSCHELER, 2005, S. 57 FF. UND ÖSTERREICHISCHES STUDIENZENTRUM FÜR FRIEDEN UND KONFLIKTLÖSUNG, 2009, S. 82 FF.).

Globale Fehlentwicklungen, deren Ursachen und Wirkungen, werden in die Begrifflichkeiten „internal root causes" und „global root causes" unterteilt. „Global root causes" haben ihre Ursache beispielsweise in den Machtverhältnissen der globalisierten Welt. Zu den Fehlentwicklungen zählen unter anderem Verletzungen der Menschenrechte. Risikofaktoren bilden die Energiekrise, klimatische Veränderungen, Krisen der Finanzmärkte und Armut.

Eine Ursache von Armut ist „*...die Zerstörung einer autonomen Landwirtschaft und die Auslieferung der Agrarproduktion und der Vermarktungsstrukturen an die großen transnational agierenden AgroKonzerne.*" (ÖSTERREICHISCHES STUDIENZENTRUM FÜR FRIEDEN UND KONFLIKTLÖSUNG, 2009, S. 76) (VGL. NUSCHELER, 2005, S. 52 FF. U. ÖSTERREICHISCHES STUDIENZENTRUM FÜR FRIEDEN UND KONFLIKTLÖSUNG, 2009, S. 67 FF.).

Die Ursache von Kriegen und bewaffneten Konflikten ist nicht allein Armut. Sie kann durch spezifische Gegebenheiten, wie beispielsweise den Rohstoffreichtum eines Landes, geschürt werden.

„*Zum Beispiel steigt das Risiko bewaffneter Konflikte signifikant, wenn ein Land stark vom Rohstoffexport abhängig und damit den entsprechenden Preisschwankungen auf dem Weltmarkt ausgesetzt ist.*" (ÖSTERREICHISCHES STUDIENZENTRUM, 2009, S. 63)

Rohstoffländer unterliegen internationalen Preisschwankungen und sind abhängig von den Spekulationsgeschäften internationaler Finanzmärkte. Sind sie nicht in der Lage, durch eine qualifizierte Geschäfts-

und Wachstumsstrategie die Exporte der Rohstoffe gewinnbringend zu vermarkten, so kann dies kettenreaktionsartige Auswirkungen zur Folge haben. Wachstum und Entwicklung können nicht stattfinden, wenn zu große Mengen an Rohstoffen exportiert werden und Veräußerungserlöse nicht den marktüblichen Preisen entsprechen. Daraus resultieren Devisenknappheit, Stagnation des Wachstums, Manifestierung der Strukturgebrechen und somit Auswirkungen auf die politische Stabilität des Landes. Dieser Entwicklung könnte die Stabilisierung der Rohstoffpreise durch internationale Rohstoffabkommen entgegen stehen (VGL. NUSCHELER, 2005, S. 315 FF., 440 FF. U. ÖSTERREICHISCHES SUDIENZENTRUM, 2009, S. 63 FF.)

„The Dead Aid proposal is dead easy to implement. What it needs, and what is lacking, is political will.“ (MOYO, 2009, S. 148)

Im Jahr 2008 belief sich die öffentliche Entwicklungshilfe auf 119,6 Milliarden US-Dollar. Die Ausgaben für Gelder, die der Unterstützung von Staaten dienen, sind von den jeweiligen Interessen der Geberländer bestimmt. Die Verwendung der Entwicklungshilfen, die beispielsweise aus der EU in die Entwicklungshilfe fließen, wird von den Mitgliedsstaaten selbst entschieden und nicht von der EU-Kommission. Die nationalen Interessen entscheiden über Gelder für den zu fördernden Staat, die Höhe der Ausgaben und deren Verwendung. Es ist zu fragen, welche Interessen verfolgt werden können.

„Die Mitgliedsländer bemühen sich um Lieferbindungen zum Wohle ihrer Industrie, pflegen alte koloniale Beziehungen, bekräftigen spezielle politische Verbindungen, indem sie Entwicklungshilfe an Wohlverhalten knüpfen. (…) Eine Politik, die in der Absicht der Wohltätigkeit die Steuergelder ihrer Bürger veruntreuen würde, verlöre sehr schnell an Legitimation. “ (ÖSTERREICHISCHES STUDIENZENTRUM, 2009, S. 189)

Die Außenpolitik kann unter anderem von der Motivation geleitet sein, Absatzmärkte sicherzustellen. Daraus resultiert, dass die Leitlinien einer nachhaltigen Entwicklungsförderung nicht das Augenmerk auf Bildung, die Verbesserung von Lebensbedingungen und Kriegsbekämpfung legen. Die Gelder fließen in die Länder, die der Verwirklichung der Wirtschaftsinteressen der Geberstaaten dienlich sind.

„Ausgaben zur Armutsbekämpfung gehen zum größten Teil eben nicht an die ärmsten Länder, unterstützt werden, entgegen dem Good Governance-Konzept, auch menschenrechtsverletzende Staaten, die erwartbar wirksamsten Maßnahmen zur Armutsbeseitigung (...), unterbleiben.“ (ÖSTERREICHISCHES STUDIENZENTRUM, 2009, S. 188)

Lebensmittellieferungen oder auch Transporte anderer lebensnotwendiger Güter lassen langfristige Abhängigkeiten entstehen. Die Zielvorgabe, dass sich gerade keine Abhängigkeiten von internationalen Hilfen entwickeln, findet keine Berücksichtigung (VGL. ÖSTERREICHISCHES STUDIENZENTRUM FÜR FRIEDEN UND KONFLIKTLÖSUNG, 2009, S. 186 FF.).

Die Rüstungsindustrie ist ein wichtiges Indiz der Interessendurchsetzung der Geberländer. Das Sicherheitsinteresse im eigenen Land, die Angst vor Terroranschlägen sowie weltweit auftretende kriegerische Konflikte kurbeln den Motor der Rüstungsindustrie an. Bürgerkriege und bewaffnete Konflikte werden über einen international verbreiteten Waffenhandel ermöglicht. Die Grundlage hierfür stellen unter anderem der Vertrag von Rom aus dem Jahr 1957, der Maastricht-Vertrag und der Vertrag der Europäischen Union dar.

Die EU-Staaten können demnach alle Sicherheitsvorkehrungen treffen, die der nationalen Sicherheit dienlich sind. Eine gemeinsame Außen- und Sicherheitspolitik schließt langfristig auch eine gemeinsame Verteidigungspolitik ein. Hierzu gehören die Produktion und der Handel von und mit Waffen. Die Verträge gelten vor den üblichen EU-Regelungen, wie der Regelung über Waffenexporte. Der EU-Verhaltenskodex verlangt demnach, Waffenexporte nur durchzuführen, wenn Menschenrechte nicht verletzt werden, die Lage im Empfängerland stabil und sicher ist und der regionale Frieden nicht gefährdet wird.

Das Geschäft um Waffen, Munition und anderes Kriegsmaterial ist so lukrativ, dass Wege gefunden werden, die üblichen EU-Regelungen zu umgehen. Die Wahrung des Friedens ist kostspieliger als die Minimierung der Rüstungsproduktion.

In diesem Zusammenhang verweise ich auf die Bundesrepublik Deutschland.

„Deutschland ist ein rohstoffarmes Land und zugleich der drittgrößte Rohstoffverbraucher der Welt." (NUSCHELER, 2005, S. 440)

Es ist zu fragen, ob die Staaten gegen das Prinzip der Nachhaltigkeit verstoßen, indem sie keinen angemessenen Ressourcenverbrauch aufweisen und auf Kosten der Zukunft leben. Der Artikel aus DIE ZEIT vom 02.11.2009 mit der Schlagzeile: *„Waffen „Made in Germany" sind gefragt. Deutschland ist größter Rüstungsexporteur Europas und drittgrößter Waffenhändler der Welt - die Exporte steigen um 70 Prozent"* weist auf die nächste Problematik hin. Rüstungsindustrien sind mit verantwortlich dafür, dass Waffen auf Märkten und Schwarzmärkten zur Verfügung stehen. Nach den USA sind Russland, Deutschland und China die größten offiziellen Waffenexporteure der Welt. Zu den Waffen, die auf dem Schwarzmarkt angeboten werden, gibt es keine offiziellen Zahlen. Über die Dunkelziffer kann nur spekuliert werden. Über Drittstaaten und inoffizielle Kanäle müssen Waffen, Munition und anderes Kriegsmaterial in die Kriegs- und Krisengebiete der Welt gelangen, wie zum Beispiel nach Afrika.

„...der Weitervertrieb von Waffen in Drittländer wird kaum kontrolliert." (Österreichisches Studienzentrum für Frieden und Konfliktlösung, 2009, S. 114)

Schattenwirtschaften, wie die Kriegsökonomien, fungieren als Abnehmer der illegalen Lieferungen. Die „Neuen Kriege" werden durch die Waffenexporte weiter am Leben gehalten und können vor sich hin schwelen (vgl. Österreichisches Studienzentrum für Frieden und Konfliktlösung, 2009, S. 11 f., S. 68 ff.. S. 123 u. S. 221 ff.).

Das Prinzip der Schutzverantwortung gilt als realisiert, wenn Menschenrechtsverletzungen aufgedeckt und unterbunden werden. Die Vertragsstaaten sind diesem Prinzip jedoch nicht verpflichtet. Die offizielle Anerkennung stellt keine völkerrechtliche Verbindlichkeit dar. Militärische Interventionen werden gemäß dem Prinzip der Schutzverantwortung erst dann durchgeführt, wenn andere Maßnahmen zum Schutz der Menschenrechte keine Wirkung zeigen. Mittel und Maßnahmen zur Zielerreichung sind in erster Linie aktive Überzeugungsarbeit sowie die Nutzung Druck aufbauender Instrumente, wie zum Beispiel Embargos, die Energielieferungen aussetzen. Dennoch sind die Entsendung von Truppen und der Einsatz von Militärs oftmals die ersten Schritte, die durchgeführt werden. Sie werden damit gerechtfertigt, dass das Prinzip der Schutzverantwortung eingehalten werde. Ein Verstoß gegen das Prinzip wird strafrechtlich nicht verfolgt. Es ist bis dato in ein Konzept gebettet und stellt somit keine internationale Norm dar. Widersprüchlichkeiten und Verstöße gegen das Prinzip der Schutzverantwortung werden im Folgenden dargelegt.

Entwicklungspolitik ist eingebettet in die Wirtschaftspolitik, die Außen- und Sicherheitspolitik, die Agrarpolitik und die Finanzpolitik. Diese Politikfelder entscheiden über zu treffende Maßnahmen und Unterstützungsleistungen der Entwicklungsförderung.

Die Funktionen einer Entwicklungspolitik umfassen humantitäre Aufgaben und die Ausübung einer präventiven Sicherheitspolitik. Die öffentliche Entwicklungshilfe, ODA (Official Development Assistance), dient jedoch anderen Zweckbestimmungen. Geberländer setzen Gelder für die Entwicklungshilfe als Mehrzweckinstrument zur

Verfolgung eigener Interessen ein. Der folgende Abschnitt wird diesen Sachverhalt unterstreichen (vgl. Nuscheler, 2005, S. 437 ff.).

„Weitgehende Übereinstimmung besteht darüber, dass die Geberländer mit ODA auch dann handfeste politische und wirtschaftliche Eigeninteressen verfolgen, wenn sie die internationale Solidarität besonders betonen." (Nuscheler, 2005, S. 436)

Die Entwicklungshilfen werden als Instrumentarium benutzt, Interessen der Geberländer durchzusetzen (vgl. Nuscheler, 2005, S. 432 ff.).

Die stetige Neugestaltung von Machtstrukturen in der globalisierten Welt bildet die Ursache des Entstehens von Fehlentwicklungen in Ländern, die von der Globalisierung ausgeschlossen sind. Ein Wettbewerb um die Quantität und die Qualität der Rüstungsgüter hat zum Ziel, den Wettlauf um den größeren globalen Einfluss zu gewinnen. Das Gleiche gilt für die Sicherung der wichtigen globalen Rohstoffe. Unmittelbare Militärinterventionen sind ein Indiz dafür, dass dem Prinzip der Schutzverantwortung nicht entsprochen wird und somit globale Machtverhältnisse zur Schau getragen werden. Die Schaffung einer Verhandlungsbasis zur Beendigung eines Konflikts wird häufig nicht in Erwägung gezogen. Es bilden sich Kreisläufe heraus, denen schwache Staaten nur schwer entkommen können.

Der sofortige Einsatz von Militärs kommt einer Friedenserzwingung gleich und blendet die eigentlichen Ursachen von Kriegen und bewaffneten Konflikten aus.

„Kriege werden oft ideologisch legitimiert, haben aber viel mit politischer Ökonomie und Rohstoffen wie Diamanten, Edelmetallen, Edelhölzern oder Erdöl zu tun." (Österreichisches Studienzentrum für Frieden und Konfliktlösung, 2009, S. 95)

Ein lang anhaltender Konflikt hat mehr oder weniger zur Folge, dass Staaten zunehmend geschwächt werden. Dies betrifft die Souveränität eines Staates, dessen Infrastruktur, die Ausbeutung der Rohstoffe und Bodenschätze durch Kriegsökonomen, die Lebensbedingungen der Bevölkerung und den sozialen Abstieg des Staates in Bezug darauf, den globalen Bedingungen nicht mehr standhalten zu können. Ein Bürgerkrieg hat nachhaltige Auswirkungen auf die Entwicklungsprozesse eines Landes. Während des Krieges und nach dem Krieg sind die Entwicklungsprozesse so stark gehemmt und die Bedingungen für eine Entwicklung so sehr stagniert, dass der Staat in der Armutsfalle verharrt. Das Risiko für eine erneute Gewalteskalation ist sehr hoch und wahrscheinlich. Bewaffnete Konflikte und Bürgerkriege reproduzieren sich, da die Ursachenbekämpfung nicht gelingt. Der Kreislauf beginnt erneut.

Den Militäreinsätzen und dem „vorläufigen Ende“ eines Krieges oder Konflikts folgen Kredite des Internationalen Währungsfonds. (IMF – International Monetary Fund) Die Darlehen sind geknüpft an Rückzahlungsbedingungen, denen schwer Folge zu leisten ist.

Diese so genannten Strukturanpassungsprogramme unterstützen den zuvor genannten Kreislauf und reihen sich problemlos ein. Der öffentliche Sektor des zunehmend kollabierenden Staates sowie dessen Handlungsspielraum sind kaum aufrecht zu erhalten. Die Türen, die sich für private Akteure, wie Warlords, öffnen, fördern willkürliches und korruptes Handeln der Machtakteure. Paul Collier spricht von einer Konfliktfalle. Lang andauernde Bürgerkriege erklären sich demnach durch spezifische Charakteristika, die Bürgerkriegsländer immer wieder aufweisen und die sie nicht überwinden und ablegen können. Hierzu werden Armut, die Abhängigkeit von Rohstoffexporten (Ressourcenfluch), Entwicklungsstagnation sowie die Abhängigkeit von internationalen Hilfen gezählt. Die Auflagen des IFW, zum Beispiel angeordnete Einsparungen in der Agrarproduktion oder Viehwirtschaft, können zur Folge haben, dass die Bevölkerung diesen Bedingungen nicht standhalten kann. Auftretende Krankheiten im Viehbestand oder auch Ernteausfälle durch Dürreperioden werden vom IFW nicht einkalkuliert. Die Agrarproduktion kann durch diese Sparmaßnahmen zerstört werden, was dazu führt, dass die Lebensmittelversorgung in einigen Ländern nur noch über Subventionen aus den Geberländern gewährleistet werden kann. Aus diesem Notzustand heraus entstehen neue Phänomene, wie die Piraterie, die in Ländern, wie in Somalia und Benin, in Erscheinung treten. Die Piraterie gefährdet wichtige Transportwege der NATO und der Europäischen Union. Durch den Einsatz von Militärs versuchen diese, die „World Oil Choke Points“ und zentrale Pipelinerouten, Seewege für den Transport von Öl und sonstigen gewichtigen Gütern, zu verteidigen. Die westlichen Industrienationen nutzen das neue Phänomen der Piraterie dafür, ihre Macht am Horn von Afrika über eine groß angelegte Militärpräsenz sicherzustellen (VGL. ÖSTERREICHISCHES STUDIENZENTRUM, 2009, S. 104 FF.).

Zu den eigentlichen Ursachen (Root Causes) der Gewaltbereitschaft eines schwachen Staates zählen die zuvor genannten Strukturanpassungsprogramme des Internationalen Währungsfonds. Sie sind Teil der Internationalen Entwicklungspolitik und haben das Ziel, Entwicklung zu fördern.

Das Cotonou-Abkommen verfolgt eine ähnliche Strategie. Dieser völkerrechtliche Vertrag besteht zwischen den AKP Staaten, bestehend aus afrikanischen, karibischen und pazifischen Ländern, und der Europäischen Union. Das Abkommen umfasst Regelungen zur Entwicklungszusammenarbeit, zur wirtschaftlichen Zusammenarbeit und die Achtung der Menschenrechte. Die Gewährung und die Höhe der Entwicklungshilfen sind auch hier an Bedingungen geknüpft. Der Vertrag sieht vor, dass Geber- und Empfängerländer über Economic Partnership Agreements ihre Märkte frei zugänglich für den Vertragspartner machen.

Das Abkommen über den Freihandel zeigt, dass die Förderung und Unterstützung der Entwicklung der Empfängerländer nicht im Vordergrund stehen. Dies bildet allerdings die Voraussetzung für den Frieden und die Sicherheit in den AKP-Staaten. Die Europäische Union verfolgt als Staatenverbund das Ziel und somit die eigenen Interessen für die Erschließung und den Zugang zu neuen Märkten. Der freie Marktzugang bedeutet für die Geber- und Empfängerländer nicht dasselbe. Die EU nimmt eigene wirtschaftliche Interessen über so genannte Abschöpfungszölle wahr, was zur Folge hat, dass auch die Exportgüter der AKP-Staaten den Preisschwankungen des Weltmarkts unterliegen. Sie erfahren eine weitere Ausbeutung ihrer materiellen und immateriellen Ressourcen und werden durch diesen Vertrag daran gebunden, Handel mit der Europäischen Union zu betreiben. Durch dieses Abkommen unterstützen europäische Länder die bestehenden Kriegsökonomien und instrumentalisieren diese für die eigene Interessendurchsetzung.

Die EU-Länder unterhalten enge wirtschaftliche Beziehungen zu Banken und Exportunternehmen, die sich in der Gewalt von privaten Machtakteuren befinden. Die Konfliktfalle, in die die AKP-Staaten gedrängt werden, ist somit auch durch dieses Abkommen gegeben. Das Verharren in Armut ist ein entscheidender Risikofaktor für eine sich anbahnende gewaltsame Eskalation. Ein weiterer „Root Cause" ist hiermit benannt (VGL. COLLIER, 2008, S. 33 FF., 59 FF. U. ÖSTERREICHISCHES STUDIENZENTRUM FÜR FRIEDEN UND KONFLIKTLÖSUNG, 2009, S. 55 FF. U. S. 104 FF.).

Die Höhe der Internationale Entwicklungshilfen wird anhand von ODA-Kriterien bestimmt. Ein Millenniumsziel ist die weltweite Armutsbekämpfung. Die Investitionen erfüllen nicht immer ihren Zweck, da die Gelder nicht immer in die ärmsten Länder der Welt fließen. Nationale Interessen der Geberländer entscheiden über die Schwerpunktländer, denen Unterstützungsleistungen zugute kommen, den Umfang der Hilfen sowie über die Maßnahmen zur Zielerreichung.

Entwicklungshilfe ist nachhaltig und langfristig auszurichten. Die Umsetzung dieser Prinzipien erweist sich als schwierig. Entwicklungspolitik ist abhängig von den Wahlperioden der Geberländer und den in diesen Perioden vorrangig zu bearbeitenden Problemstellungen und nationalen Interessenlagen. Die Problembearbeitung ist oftmals kurzfristig angelegt. Globale Krisen beeinflussen Entwicklungszusammenarbeit entscheidend. Mit der Politik der kurzfristigen Bedrohungsbearbeitung entfernt sich die Entwicklungshilfe zunehmend von der Armutsbekämpfung, die langfristig angelegt ist.

Eine kurzfristige und ineffektive Bearbeitung der Problemlagen in Empfängerländern ist letztendlich teurer als eine auf Dauer angelegte Entwicklungshilfe. Ein Rückfall in den bewaffneten Konflikt oder Bürgerkrieg durch eine nicht erfolgte Ursachenbehebung hat zur Folge, dass kurzfristig Militärs der Vereinten Nationen eingreifen müssen. Diese Einsätze sind kostenintensiv und wirken der Schutzverantwortung entgegen. Nicht die Armut als Folge und Ursache eines Konflikts wird bekämpft, sondern deren Symptome.

Die Weltbank veröffentlichte eine Studie zu den Ursachen von bewaffneten Konflikten. Ihre Mitverantwortung wurde durch die Einführung der Strukturanpassungsprogramme und Internationale Währungsfonds deutlich. Interessengeleitete nationale Sicherheitsvorkehrungen haben Vorrang vor der Wahrung menschlicher Sicherheit in anderen Nationen. Die Einhaltung des Prinzips der Schutzverantwortung wird unzureichend befolgt. Nicht alle Menschen werden gleich behandelt. Unangenehme Folgen von Armut werden ausgeblendet.

„Die Schutzverantwortung wird in diesem sozialen und politischen Kontext zur Verteidigung des Status quo einer Welt von Ungleichheit, Ungerechtigkeit und Krisen wahrgenommen." (Österreichisches Studienzentrum, 2009, S. 72)

Die ODA wird für Zwecke missbraucht, die den Millenniumszielen entgegen stehen. Mit den Geldern der Öffentlichen Entwicklungshilfe werden unter anderem Rohstoffe gesichert und Programme gefördert, die deren Erschließung, deren Förderung, der Verarbeitung und dem Exportgeschäft nützlich sind. Die hierfür erforderliche Infrastruktur wird geschaffen.

Die Internationale Entwicklungszusammenarbeit kann nur dann nachhaltig wirksam sein und zur Armutsbekämpfung beitragen, wenn die Politik der Geberländer vorausschauend arbeitet. Voraussetzungen, die dafür geschaffen werden müssen, bilden der gemeinsame Dialog und die gemeinsame Interaktion der Geberländer. Hierfür sind eine koordinierte Zusammenarbeit und ein transparentes Netzwerk erforderlich.

Der Beginn einer Hilfe setzt eine ganzheitliche Problemanalyse in dem zu unterstützenden Staat voraus. Länderspezifisch ist der Stand der Entwicklung zu prüfen. Die tatsächlichen Ursachen für den Gewaltkonflikt bilden die Grundlage eines Entwicklungsförderungsplans. Die Bearbeitung der „Root Causes" steht im Vordergrund.

Die Hauptursachen eines Bürgerkrieges oder bewaffneten Konflikts sind nicht allein innerhalb der Landesgrenzen des kollabierenden Staates zu suchen.

Eine gut durchdachte Abfolge der Problembearbeitung ist erforderlich. Priorität hat in erster Linie die Wiederherstellung von Sicherheit. Der schwache Staat ist darin zu unterstützen, eine stabile und verantwortungsvolle Regierung zu bilden. Das „state building" und eine „good governance"-Bildung sind Teil eines Ganzen. Die neue Regierungsführung wird beraten und gefördert, um befähigt zu werden, Eigenverantwortung im nationalen Interesse zu übernehmen. Der Wiederaufbau eines Staates verlangt in diesem Zusammenhang, Mitglieder einer Regierung dabei zu unterstützen, Staatlichkeit eigenständig zu rekonstruieren und neue Strukturen zu kreieren, wie zum Beispiel ein Mix aus Strukturen moderner und traditioneller Institutionen. Das gilt unter anderem auch für den Bildungs- und den Gesundheitssektor.

Die Eingliederung in die Weltwirtschaft kann nur schrittweise erfolgen. Das Nachholen von Entwicklungsschritten ist kritisch zu betrachten. Wirtschaftsbeziehungen zwischen Ländern, die sich stark in Hinblick auf das Know how in der freien Marktwirtschaft unterscheiden, laufen Gefahr, dass der stärkere Handelspartner den Schwächeren verdrängt. Die Leistungsbereitschaft des schwachen Handelspartners kann dadurch sinken. Entwicklungshilfe bedeutet Unterstützung im Aufbau einer nachhaltigen Marktwirtschaft. Effektiv und nachhaltig wirtschaften ist nur dann umsetzbar, wenn die Empfängerländer die Chance bekommen, eigene Entscheidungen zu treffen. Dies ist nur möglich, wenn der Welthandel auf gerechte Bedingungen gestützt ist. Hierzu zählen die Abschaffung von Freihandelsbedingungen, stabile Preise der Import- und Exportgüter sowie gerechte Wirtschaftsbeziehungen, was bedeutet, dass die Unabhängigkeit von speziellen Abkommen gewährleistet wird. Der Welthandel hat in diesem Zuge eine Veränderung anzustreben. Seine Liberalisierung bedeutet die Aufhebung staatlicher Auflagen in Bezug auf die wirtschaftliche Tätigkeit, die Abschaffung vertraglicher Regelungen früherer Abkommen sowie die Auflösung von Handelsbarrieren und Zollbestimmungen, die einer Entwicklungsförderung entgegen stehen. Die Entwicklung der Empfängerländer wird auch durch den Erlass von Schulden beziehungsweise die Senkung der Zins- und Tilgungsraten gefördert.

Die Friedensförderung hat im Bereich internationaler Entwicklungspolitik einen Wandel zu erfahren. Kurzfristige Militäreinsätze sind unzureichend und keineswegs der Friedenswahrung dienlich. Nachhaltig Frieden gewährleisten bedeutet, präventiv zu agieren. Die Konfliktbearbeitung muss über ein qualitativ hochwertiges Konfliktmanagement und Krisenprävention erfolgen. Zur Unterstützung sind traditionelle Konfliktregelungsstrategien heranzuziehen. Die Geschichte eines Staates kann Aufschluss darüber geben, welche Strategien in früheren Entwicklungsphasen hilfreich waren.

Wenn Entwicklungspolitik nicht nachhaltig zur Entwicklung beiträgt, verliert sie ihre Legitimation. Sie ist immer langfristig anzulegen, um den Empfänger- und Geberländern langfristig nützlich zu sein. Die Transparenz der Ausgaben ist sicherzustellen. Entwicklungshilfen sind stetig zu prüfen und kontinuierlich zu hinterfragen. Eine regelmäßige Evaluation ist zwingend erforderlich (VGL. NUSCHELER, 2005, S. 440 FF. U. ÖSTERREICHISCHES STUDIENZENTRUM FÜR FRIEDEN UND KONFLIKTLÖSUNG, 2009, S. 186 FF., 264 FF.).

„Solange Entwicklungspolitik größtenteils das Geschäft von Staaten ist, wird sie sich nicht aus dem Zusammenhang von nationalen Interessen lösen können.“ (NUSCHELER, 2005, S. 450)

5.2 Kindersoldat(inn)en – ein Produkt wirtschaftlicher Interessen

Gemäß Artikel 4 der UN-Kinderrechtskonvention sind die Rechte des Kindes, die laut Konvention für alle Vertragsstaaten bindend sind, zu verwirklichen:

„Die Vertragsstaaten treffen alle geeigneten Gesetzgebungs-, Verwaltungs- und sonstigen Maßnahmen zur Verwirklichung der in diesem Übereinkommen anerkannten Rechte. Hinsichtlich der wirtschaftlichen, sozialen und kulturellen Rechte treffen die Vertragsstaaten derartige Maßnahmen unter Ausschöpfung ihrer verfügbaren Mittel und erforderlichenfalls im Rahmen der internationalen Zusammenarbeit.“

Zu den Rechten des Kindes zählen in Bezug auf die Demobilisierungs-, Rehabilitations- und Reintegrationsprozesse der ehemaligen

Kindersoldat(inn)en das Recht auf Familienzusammenführung, die Berücksichtigung des Kindeswillens, die Unterstützung der Eltern in der Erfüllung ihrer Aufgaben, geeignete Institutionen für die Kindesbetreuung, Förderung bei Behinderung und Krankheit, soziale Sicherheit, angemessene Lebensbedingungen und Unterhalt, das Recht auf Bildung, Schule und Berufsausbildung, Schutz vor sexuellem Missbrauch, Schutz bei bewaffneten Konflikten, Schutz vor Rekrutierung und das Recht auf Genesung und Wiedereingliederung.

Das Phänomen der Kindersoldat(inn)en ist ein Produkt der „Neuen Kriege". Die Friedenspolitik der Vereinten Nationen kann diese Entwicklung nicht aufhalten. Die Maßnahmen reichen nicht aus, den Frieden weltweit zu wahren. Friedenspräventionsmaßnahmen zeigen nur begrenzt ihre Wirkung und in lang andauernde Konflikte wird häufig zu spät eingegriffen.

„Auf dem Papier sieht jedoch alles viel einfacher aus, als es in der je verschiedenen Wirklichkeit ist: Demobilisierung von Rebellenorganisationen und Kindersoldat(inn)en durch ihre Reintegration in das gesellschaftliche und politische Leben; Wiederherstellung der Rechtsstaatlichkeit durch Reformen des Justizapparates; Machtteilung und stärkere Partizipation der rebellierenden Regionen durch Dezentralisierung des Staatsaufbaus; Schritte zur Stärkung demokratisch legitimierter Institutionen."
(NUSCHELER, 2005, S. 420)

Die Umsetzung dieser Ziele nimmt allerdings zu viel Zeit in Anspruch. Die Deutsche Gesellschaft für die Vereinten Nationen nahm 2002 wie folgt Stellung:

„Nicht nur die Vielzahl und die Unübersichtlichkeit der UN-Einrichtungen auf diesem Gebiet geben immer wieder Anlass zu erheblicher Kritik. Auch andere (Vor-)Urteile wie Ineffizienz und Verschwendung, Schwerfälligkeit und Politisierung gehören vielfach weiterhin zum Image der UN-Entwicklungszusammenarbeit. Hinzu kommt eine geringe finanzielle Ausstattung."

Es sind aber nicht die bürokratischen Vorgänge, die einen langen Zeitraum für etwaige Interventionen umfassen. Der Ausbruch eines Krieges bedeutet, dass hohe Summen für Militäreinsätze ausgegeben werden müssen. Der Aufwand ist häufig zu kostenintensiv und entspricht nicht den staatseigenen Interessen der Länder der Vereinten Nationen (VGL. ÖSTERREICHISCHES STUDIENZENTRUM, 2009, S. 188 FF.).

„Es gibt in allen Kriegsgebieten nach Friedensverträgen Reintegrationsprojekte für Kindersoldaten, aber viel zu wenige für ihre große Zahl."
(NUSCHELER, 2005, S. 184)

Werden Entwicklungsgelder gekürzt, beispielsweise aufgrund notwendiger Sparmaßnahmen in Folge eines Anstiegs der Rohstoffpreise, wirken sich Entscheidungen über die Kürzung von Geldern folgenschwer auf die schwachen Staaten aus. DDR-Programmen werden entsprechend knappere Mittel zur Verfügung gestellt. Ohne Demobilisierung kann es keine Reintegration der Kinder in die Gemeinschaft geben. Die Sparmaßnahmen fallen auf die Kinder zurück, die, spricht man von einer allgemeinen Entwicklung, im Vordergrund stehen müssen. Wirtschaftsinteressen der Geberländer werden auf Kosten der ehemaligen Kindersoldat(inn)en verfolgt. Die bedeutenden Programme für die Wiedereingliederung der Kindersoldat(inn)en in die Gesellschaft können nicht den gesamten Bedarf decken. Dazu gehören beispielsweise die Familienzusammenführungsprogramme als Teil der Reintegration. Den Leitlinien einer Entwicklungszusammenarbeit, unter anderem Förderung der Hilfe zur Selbsthilfe und die ganzheitliche Verbesserung der Lebensumstände, wird nicht entsprochen.

Diese Aussagen widersprechen der Umsetzung der UN-Kinderrechtskonventionen. Weder werden alle geeigneten Maßnahmen getroffen, die der Umsetzung der rechtlichen Reglungen entsprechen, noch werden alle verfügbaren Mittel eingesetzt, um die Ziele, wie zum Beispiel den Schutz vor Rekrutierung oder den Schutz in bewaffneten Konflikten, zu erreichen.

Die EU ist mit ihren Mitgliedsstaaten der größte Entwicklungshelfer der Welt, zugleich importieren Entwicklungsländer Waffen aus Europa. Aus finanziellen Gründen importieren Entwicklungsländer keine Hochtechnologiewaffen, sondern lediglich günstige und einfach zu bedienende Gewehre, wie Klein- und Leichtwaffen. Ziele der internationalen Entwicklungszusammenarbeit in Bezug auf die Vermeidung der Rekrutierung von Kindersoldat(inn)en sind ist die weltweite Vernichtung dieser Waffen, die Unterbindung von Menschenrechtsverletzungen sowie die Wiederherstellung von Rechtssicherheit und Demokratie.

„Wer aber effektiv Krisen und Konflikten begegnen möchte, der muss gewillt sein, diese Wirtschaftsordnung grundlegend zu kritisieren.“ (Österreichisches Studienzentrum für Frieden und Konfliktlösung, 2009, S. 118)(vgl. Österreichisches Studienzentrum für Frieden und Konfliktlösung, 2009, S.81 ff. u. 229 ff.)

6. Ausblick und Empfehlungen

Kinder haben das Recht auf Schutz in bewaffneten Konflikten. Die Staatengemeinschaft hat einen völkerrechtlichen Vertrag unterzeichnet, der bindend ist und zu allen erforderlichen Maßnahmen, die der Verwirklichung des Rechts dienen, auffordert. Die Kinderrechte dürfen nicht von den wirtschaftlichen Interessen einzelner Staaten abhängen.

Um den Schutz zu gewährleisten, sind stärkere Maßnahmen erforderlich. Das Fakultativprotokoll zur UN-Kinderrechtskonvention, die Beteiligung von Kindern in bewaffneten Konflikten betreffend, wurde bis dato von sechsundsechzig Prozent aller Länder anerkannt und unterzeichnet. Um sicherzustellen, dass Kinder in bewaffneten Konflikten geschützt werden, sind in Hinblick darauf Gesetze und Richtlinien, nach der Signierung des Vertrags, zu formulieren, welche künftigen Konflikt- und Notsituationen standhalten können. Die Tatsache, dass in Ländern militärische Werte und Normen in Bildungs- und Freizeiteinrichtungen vermittelt werden, hat zur Folge, dass Kinder die Wertvorstellungen übernehmen und ein früher Eintritt in den Militärdienst als erwünscht und normal empfunden wird. Die Staatengemeinschaft hat in diesem Fall präventiv einzugreifen.

Nicht alle Kinder können Reintegrationsprogramme nutzen. Die permanente Unterfinanzierung der DDR-Programme und deren kurzfristig angelegte Bereitsstellung von Geldern sind Gründe dafür. Weitere Ursachen liegen in der Planung und den begrenzten Möglichkeiten für die Durchführung von Demobilisierungsmaßnahmen. Es ist zudem schwierig zu beweisen, dass Kinder aktiv in Kampfhandlungen mitwirken. Es muss möglich werden, dass in allen Ländern Geburtsregister geführt werden. Die Kriegsteilnahme von Kindern ist grundsätzlich anzuerkennen. Diese Bedingung ist erforderlich, um die Akzeptanz dafür zu schaffen, dass die Rekrutierung ein Verstoß gegen die Rechte der Kinder bedeutet und Auswirkungen auf die Entwicklung von Kindern hat.

Demobilisierungs-, Rehabilitations- und Reintegrationsprogramme sind häufig nicht auf die speziellen Bedürfnisse der Kinder ausgerichtet. Standardisierungsverfahren sind diesem Zusammenhang unangebracht. Die Lebensumstände, die Geschichte, kulturelle Gegebenheiten im jeweiligen Land sind spezifisch zu betrachten und in Maßnahmen einzubeziehen. DDR-Konzepte haben das Alter, das Geschlecht, die individuellen Erfahrungen und den Grad der Traumatisierung der ehemaligen Kindersoldat(inn)en zu berücksichtigen. Erst danach können entsprechende Programme entwickelt werden. Ein Beispiel hierfür ist die fehlende Berücksichtigung der individuellen Bedürfnisse von Mädchen in bewaffneten Konflikten. In den Gesetzestexten der UN-Kinderrechtskonvention ist von „dem Kind" die Rede, es wird nicht zwischen Jungen und Mädchen differenziert. Durch die mediale Darstellung von überwiegend männlichen Kindersoldaten, meist mit Waffen, sind weibliche Kindersoldatinnen in der Öffentlichkeit nicht präsent. Demzufolge sind die DDR-Programme vordergründig für ehemalige männliche Kindersoldaten ausgelegt. Weibliche Kindersoldatinnen, mit ihren speziellen Bedürfnissen, finden keine Berücksichtigung. Zukünftig sind weibliche Kindersoldaten in den Konzeptionen von Programmen sowie in der medialen Darstellung zu berücksichtigen.

Generell müssen für eine erfolgreiche und die nachhaltige Reintegration der einstigen Kindersoldat(inn)en die Lebensbedingungen der Gesellschaft einen Zustand der politischen und wirtschaftlichen Stabilität erreichen, in dem keine existenziellen Nöte im Vordergrund stehen. Hierbei sind unter anderem der Schutz der Menschenrechte, wie die Freiheit nach Rasse, Sprache, Religion, Herkunft und Eigentum wichtige Faktoren, um einen Wiederaufbau gesellschaftlicher Strukturen zu ermöglichen und dem Volk das Vertrauen in die Zukunft zurückzugeben.

„Da das Kindersoldatentum nur dort gedeihen kann, wo Kriege geführt werden, kann letztendlich nur eine präventive Friedenspolitik, die gewaltsame Konflikte zu vermeiden versucht, dieser neuen Barbarei vorbeugen,…" (NUSCHELER, 2005, S. 185)

Reintegrationsprogramme sollten Maßnahmen enthalten, die das gesamte Umfeld des Kindes einbeziehen. Unterstützt man den Wiederaufbauprozess der Gesellschaft, so wirkt sich dies im Umkehrschluss auf die Reintegration der ehemaligen Kindersoldat(inn)en aus. Die Gemeinden sind zwingend in den Prozess der Wiedereingliederung einzubeziehen. Sie geben Aufschluss darüber, warum Kinder rekrutiert werden und können darin unterstützt werden, Widerstände gegen die Rekrutierung aufzubauen sowie den Entlassungsprozess von Kindern in bewaffneten Gruppierungen voranzutreiben. Gemeindeorientierte Lösungen im Reintegrationsprozess sind effektiver, nachhaltiger und langfristiger angelegt. Einen erheblichen Schwierigkeitsgrad weisen hierbei die Länder auf, in der die Religion und damit verbundene Ideologien vorherrschen. Die Gemeinden vertreten die Ansicht, dass Kinder in den Militärdienst eingezogen werden dürfen und auch sollten. Länderspezifisch und ganzheitlich ist zu beurteilen, welche Strategien verfolgt werden müssen, um dennoch bestmögliche Lösungen zum Schutz der Kinder zu finden.

Die Rollen der Kindersoldat(inn)en müssen gesellschaftlich auf Akzeptanz stoßen, denn verantwortlich dafür waren alle, die Gemeinden, die Gesellschaft, der Staat und die Staatengemeinschaft.

Es ist zu überlegen, inwieweit Demobilisierung, Rehabilitation und Reintegrationsmaßnahmen auch während eines noch bestehenden Krieges aussehen müssen. In andauernden Konflikten ist die Entlassung von Kindersoldat(inn)en erschwert. Annette Rehrl schrieb dazu:

„...Hinzu kommt, dass sich jede NGO ihre eigenen Zielgruppen suchte und in der Regel Programme für Kinder, Jugendliche oder Frauen anbot, sodass sich nie die gesamte Gesellschaft angesprochen fühlte.“ (Rehrl, 2004, S. 198)

Kindersoldat(inn)en gelingt vereinzelt die Flucht aus ihren Heimatländern. Den Zielländern fehlen häufig qualifizierte Aufnahmeverfahren, Bestimmungen über die Anerkennung als Flüchtling als auch Rehabilitations- und Reintegrationsprogramme.

In Hinblick darauf verwunderte mich ein Artikel „Tageszeitung“ vom 12. Februar 2010. Er nahm Bezug auf in Deutschland lebende ehemalige Kindersoldat(inn)en. Jedes Jahr gelingt etwa 1000 Kindern die Flucht nach Deutschland, davon sind drei bis fünf Prozent ehemalige Kindersoldat(inn)en. Da einige von ihnen die Altersgrenze von 18 Jahren überschreiten oder das Alter auf 18 geschätzt und festgesetzt wird, werden sie in Sammelunterkünften untergebracht und erhalten erst nach Bearbeitung der entsprechenden Anträge eine psychologische Betreuung. Die von den Behörden als minderjährig Eingestuften bekommen zwar einen Vormund, das Antragsverfahren auf eine therapeutische Behandlung zieht sich aber auch hier in die Länge.

Ein Sozialarbeiter berichtet, dass die Anhörungsverfahren der Asylbehörden zu den Erlebnissen der Kinder die Gefahr einer Retraumatisierung nicht ausschließen. Erschwerend kommt hinzu, dass die EU-Asyl-Richtlinie vorgibt, dass unbegleitete Minderjährige bei der Einreise in Abschiebehaft genommen werden können.

Der Artikel brachte mich zu dem Schluss, dass die Öffentlichkeit noch nicht genug über Kindersoldat(inn)en aufgeklärt wurde und es in Deutschland nicht die Möglichkeit gibt, die Kinder fachgerecht zu befragen und zu betreuen. Es gibt keinen garantierten Flüchtlingsstatus. Es wird versäumt, spezifisch geschulte Mitarbeiter in den Einwanderungsbehörden einzusetzen. Der UN-Kinderrechtskonvention wird eindeutig nicht entsprochen. Dies zeigt umso mehr, dass das Phänomen der Kindersoldat(inn)en noch immer nicht genug Präsenz in der Politik, den Medien und damit in der Öffentlichkeit hat.

Die Staatengemeinschaft ist dazu aufgefordert in einer intensiveren Öffentlichkeitsarbeit auf die Kindersoldat(inn)en hinzuweisen. Die globale Aufmerksamkeit zu diesem Thema reicht nicht aus, um betroffene Kinder in ausreichendem Maß davor zu schützen, in bewaffneten Gruppierungen eingesetzt zu werden. Die Präsens der Thematik ist regelmäßig wach zu rufen, vor allem in Hinblick auf die physischen und psychischen Gefahren von Kampfhandlungen. Einen ersten Schritt hierbei unternimmt der „Red Hand Day", der im Jahr 2002 ins Leben gerufen wurde. Jeweils am 12. Februar eines Jahres wird mit Aktionen und Demonstrationen darauf hingewiesen, dass Kindersoldat(inn)en in bewaffneten Konflikten zum Einsatz kommen. Weltweit werden rote Handabdrücke gesammelt, um darauf aufmerksam zu machen, dass die Rekrutierung von Kindern verboten ist und strafrechtlich verfolgt wird. Derzeit laufen die ersten Prozesse am Internationalen Strafgerichtshof in Den Haag gegen Personen, die für den Einsatz von Kindern in bewaffneten Konflikten verantwortlich sind. Unter anderem steht der ehemalige Präsident Liberias, Charles Taylor, vor Gericht.

Der „Red Hand Day" und die in diesem Zusammenhang stehende Öffentlichkeitsarbeit, tragen dazu bei, dass Druck auf Rebellen- und Oppositionsgruppen ausgeübt wird, die in ihren Einheiten Kinder für ihre Zwecke missbrauchen. Die Zukunft hat zu zeigen, dass die Entlassung von Kindersoldat(inn)en nicht erst bei Beendigung von Kriegen und Konflikten möglich ist. Der Missbrauch von Kindern ist eines der massivsten Kriegsverbrechen und ist unmittelbar nach der Aufdeckung international zu verfolgen. Die sofortige Festnahme und Verurteilung der Täter am Strafgerichtshof Den Haag ist unumgänglich.

Resümierend wünsche ich mir im politischen sowie im öffentlichen/medialen Kontext mehr Aufmerksamkeit für das Thema Kindersoldat(inn)en und zugleich, dass wirtschaftliche Interessen nicht vor oder über den im „International Bill of Human Rights" der UN festgeschriebenen Menschenrechten stehen dürfen.

Die Ziele, wie die Verhinderung der Rekrutierung von Kindern in Bürgerkriegen und bewaffneten Konflikten, die sofortige Entlassung der Kinder aus staatlichen und nichtstaatlichen bewaffneten Gruppen sowie eine erfolgreiche Reintegration ehemaliger Kindersoldat(inn)en in die Gemeinschaft, sind gemeinschaftlich zu verwirklichen.

Parallel hierzu sind umfangreiche vorbeugende Maßnahmen zur Konflikt- und Gewaltprävention, zum Peacemaking und zum Peacekeeping erforderlich. Ein Instrument hierfür bildet der UN-Sicherheitsrat, dessen Aufgabe es ist, über den Weltfrieden zu wachen.

Die Entwicklungshilfen für die Erreichung dieser Ziele sind langfristig, beständig, effektiv und unabhängig von nationalen Wirtschafts- und Sicherheitsinteressen anzulegen. Die internationale Entwicklungspolitik ist gefordert in Bezug auf die weltweite Bekämpfung von Armut, Ungleichheit und Menschenrechtsverletzungen und die Eindämmung des internationalen Rüstungsbooms. Die Wahrscheinlichkeit für die Ausbildung und den Einsatz von Kindersoldat(inn)en steigt proportional zu diesen Risikofaktoren. Der gemeinschaftliche Wille ist die weltweite Konflikteindämmung. Die Wege dorthin sind steinig, aber zahlreich.

„...Frieden ist erst möglich, wenn alle gemeinsam daran arbeiten.“

(Österreichisches Studienzentrum für Frieden und Konfliktlösung, 2009, S. 22)

7. Literaturverzeichnis

Printpublikationen

Beah, Ishmael 2008
Rückkehr ins Leben. Ich war Kindersoldat.
München: Piper Verlag GmbH

Biedermann, Jürgen 2007
Wie ein Kindersoldat denkt und fühlt. Eine Analyse von Erlebnisberichten ehemaliger Kindersoldat(inn)en über ihren Militärdienst in der LRA.
Saarbrücken: VDM Verlag

Brett, Rachel/McCallin, Margaret 2001
Kinder – Die unsichtbaren Soldaten.
Schweden: Gerhard R. Alberts, Books on Demand GmbH

Büttner, Christian/Mehl, Regine/Schlaffer, Peter/
Nauck, Mechthild (Hg.) 2004
Kinder aus Kriegs- und Krisengebieten. Lebensumstände und Bewältigungsstrategien.
Frankfurt/Main: Campus Verlag GmbH

Collier, Paul 2008
Die unterste Milliarde. Warum die ärmsten Länder scheitern und was man dagegen tun kann.
München: Verlag C. H. Beck OHG

Fischer, Gottfried/Riedesser, Peter 2003
Lehrbuch der Psychotraumatologie.
München: Ernst Reinhardt Verlag

Gröschen, Christian 2008
Traumatisierung durch Krieg, Flucht und Migration.
Der Stellenwert der Psychologie im Umgang mit Betroffenen.
Stuttgart: ibidem - Verlag

Landolt, Markus A./Hensel, Thomas 2008
Traumatherapie bei Kindern und Jugendlichen.
Göttingen: Hogrefe Verlag GmbH & Co. KG

Moyo, Dambisa 2009
Dead Aid. Why Aid is not working and how there is a better way for Africa.
New York: Farrar, Straus and Giroux

Münkler, Herfried 2004
Die Neuen Kriege.
Reinbek bei Hamburg: Rowohlt Taschenbuch Verlag

Nuscheler, Franz 2005
Entwicklungspolitik. Eine grundlegende Einführung in die zentralen entwicklungspolitischen Themenfelder Globalisierung, Staatsversagen, Hunger, Bevölkerung, Wirtschaft und Umwelt.
Bonn: Verlag J. H. W. Dietz Nachf. GmbH

Österreichisches Studienzentrum für Frieden und Konfliktlösung (Hg.), Projektleitung: Thomas Roithner 2009
Globale Armutsbekämpfung – ein Trojanisches Pferd? Auswege aus der Armutsspirale oder westliche Kriegsstrategien?
Münster: LIT Verlag

Redl, Fritz/Winemann, David 1984
Kinder, die hassen.
München: R. Piper GmbH & Co. KG

Rehrl, Annette 2006
Sie zwangen mich zu töten. Afrikas verlorene Kinder.
München: Pattloch Verlag GmbH & Co. KG

Rogers, Carl R. 1997
Die klientenzentrierte Gesprächspsychotherapie. Client-Centered Therapy.
Frankfurt am Main: Fischer Taschenbuch Verlag GmbH

Schmid, Margrit/Schmid, Alice 2001
I killed people. Wenn Kinder in den Krieg ziehen.
Göttingen: Lamuv Verlag GmbH

Schmidt-Grunert, Marianne 2002
Soziale Arbeit mit Gruppen. Eine Einführung.
Freiburg im Breisgau: Lambertus-Verlag

Stehr, Christopher 2009
Globalisierung und Destabilisierungstendenzen innerhalb des Internationalen Systems. Eine Indikatorenanalyse für ausgewählte Nationalstaaten.
München: Herbert Utz Verlag GmbH

Weiner, Bernard 1994
Motivationspsychologie
Weinheim: Beltz, Psychologie-Verl.-Union

Zimbardo, Philip G./Gerrig, Richard J. 2004
Psychologie.
München: Pearson Education Deutschland GmbH

Internetpublikationen

http://www.aktion-rote-hand.de/documents/facharbeit.pdf
(Stand 13.02.2010)

http://www.auswaertiges-amt.de/diplo/de/Aussenpolitik/InternatRecht/IStGH/Hintergrund.html
(Stand 13.03.2010)

http://www.bmz.de/de/presse/termine/jahrestag20100212_kindersoldaten.html
(Stand 12.02.2010)

http://www.bmz.de/de/service/glossar/index_menschlicher_entwicklung.html
(Stand 10.07.2010)

http://www.bmz.de/de/ziele/ziele/index.html
(Stand 01.07.2010)

http://www.childsoldiersglobalreport.org/files/German_intro_08.pdf
(Stand 27.06.10)

http://www.dgvn.de/fileadmin/user_upload/PUBLIKATIONEN/Basis_Informationen/bi-entwicklung.PDF
(Stand 22.02.2010)

https://www.drk.de/alt/voelkerrecht/genfer_konventionen/
(Stand 13.02.2010)

http://www.europaeische-wirtschaft.de/ss04/vorl8.pdf
(Stand 18.07.2010)

http://www.humanrights.ch/home/de/Instrumente/Humanitaeres_Voelkerrecht/Genfer_Abkommen/content.html
(Stand 13.02.2010)

http://www.imi-online.de/eu-projekt/marischkawagner_7_2006.pdf
(Stand 31.05.2010)

http://www.oecd.org/dataoecd/59/5/42139479.pdf
(Stand 20.02.2010)

http://www.sozialwiss.uni-hamburg.de/publish/Ipw/Akuf/publ/AKUF-Pressemitteilung-2009.pdf
(Stand 18.02.2010)

http://www.tdh.de/content/themen/weitere/kindersoldaten/daten_und_fakten.htm (Stand 11.02.2010)

http://www.tdh.de/content/themen/weitere/kindersoldaten/globaler_bericht.htm
(Stand 11.02.2010)

http://www.welthungerhilfe.de/fileadmin/media/pdf/Wirklichkeit_Entwicklungshilfe/Wirklichkeit-der-Entwicklungshilfe-17.pdf
(Stand 24.02.2010)

http://www.un.org/Depts/german/gs/gs_jahresb.html
(Stand 11.02.2010)

http://www.un.org/Depts/german/un_charta/charta.pdf
(Stand 20.02.2010)

http://www.unicef.de/6371.html
(Stand 12.02.2010)

http://www.zeit.de/2003/36/Kindersoldaten
(Stand 11.02.2010)

Über die Autorin

Christin Voß, Jahrgang 1982, studierte Soziale Arbeit an der Hochschule für Angewandte Wissenschaften in Hamburg.

Sie arbeitete in den Bereichen der offenen Kinder- und Jugendarbeit, der ambulanten Familienhilfe und in der Prävention zum Thema HIV/AIDS.

Während ihres Aufenthalts in Liberia konzentrierte sich ihre Arbeit auf unterrichtende Tätigkeiten in einer Primarschule, die Konzeptgestaltung eines HIV/AIDS-Präventionprogramms und ein Erwachsenenprojekt im Bereich der Alphabetisierung.

Nach mehrmonatigen Aufenthalten auf den Philippinen und in Südafrika (2010/2011) lebt sie mit ihrer Familie in Hamburg.